食ビジネスのおもてなし学

o mo te na si

YAMAJO Tooru
山上 徹

学文社

序　文

　「おもてなし」という言葉は，2020年の東京オリンピック・パラリンピックの開催決定時以降，社会的な関心を集め，2013（平成25）年の「新語・流行語大賞」となった。また，「和食」という言葉は，2013（平成25）年12月，ユネスコ（国際連合教育科学文化機関：UNESCO）の無形文化遺産として「和食　日本人の伝統的な食文化」が登録され，同様に注目されている。今日，これらの言葉が日本人のみならず，世界的にも興味ある事柄として日本への関心を高めている。

　このような追い風を活用すれば，訪日インバウンド数が増大し，裾野の広い観光産業分野で「ビジネス・チャンス」が到来すると期待されるようになった。とりわけ，食料・食材・食品などの生産・製造・販売にかかわる観光関連分野の食ビジネスでも活性化が予測されている。そのため，農水産物の商品化策や地方創生の施策も動き出している。しかし，国内外を問わず，食ビジネス市場は激しい競争社会にあり，独自性を発揮せねば，生き残れない状況でもある。

　このような食ビジネス業界では，今や商品の価格や品質の優位性だけでは十分でなく，日本のお家芸といわれるおもてなしの強みをプラスアルファさせた差別化戦略が必要になっている。そのために食ビジネスでは，3つの側面が大切になる。まず，店舗，食材・食具などの「ハード面」の「清潔で快適でくつろげる空間」「美味しい料理」の創造，また，食材などの物流システム・調理法・料理人のワザなどを含めた「ソフト面」の「安全・安心，調理・衛生システム等」の創造，さらに，接客スタッフなどの先回りの気づきの「ヒューマン面」の「楽しく語らい，コミュニケーション」の創造といった総合的なおもてなし力がセットされなければならない。とりわけ，同業他社との競争に対し，「ヒューマン面」のヒト（スタッフ等）の先回りの気づきが今日，ビジネスの成否を決定づけるといっても過言ではないだろう。

そこで，本書では複雑な食ビジネスを考察するにあたり，単純化した3つに区分して論じることにしたい。たとえば，中国の陰陽道において奇数の「三」は「天・地・ヒト」という考え方がある。「三」という数字は神聖であり，かつ縁起が良いとされている。さらに，「三」という字画はバランスも良く安定感がある。ことわざに「早起きは三文の徳」「三人寄れば文殊の知恵」「三位一体」「三つ巴」「万歳三唱」「三種の神器」などのように「三」という数字は日常的に良く使われている。

　「三」という数字はおさまりが良いともいわれている。食ビジネスのおもてなしのパワーを3つの要素に区分すれば，複雑な食ビジネス分野が単純化でき，その本質をより明確におさまり良く把握できるものと考える。それゆえ，本書の各章ではできるだけ3つにて区分することに努める。各章においては，以下のような問題意識から研究を試みるものである。

　第1章では，おもてなしの目線を「上から目線」「同じ目線」「下から目線」という視点から分析を試みる。この場合，「Win-Loseの目線」「Win-Winの目線」「Lose-Winの目線」という3つに分類できる。おもてなしの目線とは「Win-Winの同じ目線」が大切なことを提起する。さらに，おもてなしを「表なしでは裏のみ」という「同じ目線」ではなく，売り手が「下から目線」となる「Lose-Winの関係」が現実に，多くなっていることを明らかにする。

　第2章では，おもてなしとは「目線」「拍手の音」「カメとウサギの童話」にも通じる。また，おもてなしの基本的なスキルとは「挨拶」「お辞儀」「笑顔」と3つの用語に集約できる。とくに，接客スタッフにとっては接客業務から自己啓発をはじめ，教育・訓練・研修にて能力開発が必要なことを明らかにする。

　第3章では，今日，日本人の多くは家族一人ひとりが異なる時間にバラバラに食事をするようになった。食事を家庭内にする「内食」は減り，「外食・中食」の機会が多くなり，また，「こ」食の時代ともなっている。一方，現代人は自己中心的で「上から目線」で他のヒトへの批判，怒りや苛立ちなどのクレームが多くなっている。そこで，理不尽な要求をするモンスター・クレーマー

が横行している背景についても考えてみたい。

　第4章では，食ビジネスの分野とは，「最狭義，狭義，広義」の3つに区分できる。現代日本の食ビジネスを複雑なヨコ割りの産業とし，「川上の農場・漁場から川下の食卓まで」を包含した範域と捉えて単純化し，考察する。

　第5章では，日本における祭は，「村祭」「町・都市祭」「現代的な祭」の3つに類型化できる。祭には本質的に神人一体化の共食のおもてなしがあり，食ビジネスの原点があると考える。また，人間には「ハレ」「ケ」「ケガレ」の3つの精神状況を明らかにする。

　第6章では，現代の観光目的は「触合い，学ぶ，遊ぶ」という3つの分野に大別できる。しかし，「遊ぶ」という目的が掲げられたことにより，観光の多様化，個性化が広がりを示している。地方を創生するにあたり，「一村一品運動」「地産地消運動」「地域ブランド化」などによる食ビジネスのおもてなし力の価値について考える。

　第7章では，観光資源を「モノ」（ハード），「コト」（ソフト），「ヒト」（ヒューマン）という視点から考察する。とくに，人間こそがヒトを感動させる最大のパワーと捉え，食ビジネスにおけるリピーターを増やすことを考える。

　第8章では，文化を広義に捉えると，まず，食材・食具・料理などの「物質的文化」（モノ），また，サービス・システム・調理法などの「制度的文化」（コト），さらに，ヒト対ヒトの対面する接客などの「精神的文化」（ヒト）の3つの要素に区分できる。それぞれの要素間では「文化の伝播のタイム・ラグ」（cultural lag）が生じる。とくに，食ビジネスにおける日本固有のおもてなし文化がなぜに近年，注目されているかを明らかにする。

　第9章では，日本の食ビジネスの物資的文化であるモノの輸出入取引，制度的文化のサービス輸出入取引，さらに近年，こだわりのおもてなしという精神的文化の輸出時代にあることを明らかにする。とくに，現代アジア地域の人びとが，どのような消費性向からおもてなし文化を受入れているかを考えたい。

　第10章では，ユネスコの無形文化遺産に登録された「和食」の特性とは何

かを考える。とくに,「日本人の伝統的な食文化」の特徴とは何かを明らかにする。日本の食ビジネスのおもてなしを「純粋な日本料理」「和食」「日本の食」の3つに区分し,和食の特徴を「モノ・コト・ヒト」の面から明らかにする。

　第11章では,世界の食文化における食具は,手食,箸食,フォーク食の3つに分けられる。食のタブーについては,一神教のユダヤ教,キリスト教,イスラム教に関する比較研究をする。さらに,世界三大料理のひとつであるトルコ料理についても考察する。

　第12章では,イスラム教のハラルの認証制度を「海外からの正規のハラル認証」「国内のローカル・ハラル認証」「その他正規でないハラル認証」という3つに分類し,考察する。しかし,現在のところ日本の食ビジネスは,訪日インバウンドに対し,ムスリムのハラル基準を完全に充たす「ムスリム流儀のおもてなし」が徹底できる段階に到達しておらず,とくに,ハラルの全体的な最適化は時期尚早といわざるを得ない状況にあることを明らかにしたい。

　本書は,「食ビジネスのおもてなし学」に関するすべての事象を論理的・体系的に論じるものではなく,現在,個人的に関心事の高い分野を中心に論述したに過ぎない。本書では,食ビジネスとおもてなしに関する分野をできるだけ平易で簡潔にまとめるために3つの要素にて集約化して記述したつもりである。読者には,食ビジネスのおもてなしに関する諸問題を読み解く楽しさを多少とも理解して頂ければ幸いである。

　最後に,本書を出版するにあたり,誠意をもってお世話下さった学文社社長・田中千津子氏をはじめ,編集作業で適切なチェックを賜ったスタッフの各位に対し,心から感謝を申し上げる次第である。

2015年1月

山上　徹

目　次

序　文　i

第1章　「おもてなし」の目線とは ── 1
1．日本のおもてなしの強み　1
2．手厚いおもてなしの前提　1
3．茶の湯の制度的なおもてなし　2
4．ヒトの目線の類型化　5
5．日本のおもてなしの目線とは　7
6．おもてなしとホスピタリティとの共通性と特異性　9
7．サービスの目線とおもてなしの目線との違い　12
8．士農工商制度と江戸しぐさの目線　14

第2章　おもてなしの人材育成 ── 17
1．おもてなしとは何か　17
2．おもてなしの基本スキル　18
3．ビジネス業界における「じんざい」の違い　21
4．ビジネスにおけるおもてなしの人材育成　23
5．自己実現欲求の人材確保　24
6．社員の教育・訓練・研修における形式知化　27

第3章　現代人の食意識の変化とクレーム ── 31
1．食習慣と共食の思想　31
2．日本の食料自給率とその脆弱性　32
3．食習慣の変化と「こ」食の時代　34
4．現代人に対する食育の必要性　35
5．食の外部化　38
6．現代人の価値観とクレーム　40
7．現代人の「上から目線」とモンスター・クレーマー　41

第4章　おもてなしの食ビジネス ─────────── 45
1．ビジネスの継続性とマネジメント・サイクル　45
2．ビジネスの業態と食ビジネスの範域　47
3．食ビジネスのチェーン化とおもてなし志向　49
4．川上ビジネスから第六次産業化のおもてなし　50
5．川中ビジネスの食品製造業のおもてなし　53
6．おもてなしの食ビジネスの目線　55
7．川下ビジネスの水商売のおもてなし　56
8．食ビジネスにおけるWin-Winのおもてなし　57

第5章　豊作の祭と神へのおもてなし ─────────── 59
1．瑞穂の国・日本と豊作の祈り・感謝の新嘗祭　59
2．祭における神の存在　61
3．内なる神の村祭のおもてなし　63
4．町・都市の祭のおもてなし　64
5．長幼の序と共食のおもてなし　66
6．「ハレ・ケ・ケガレ」と祭のおもてなし　68

第6章　食旅と地方創生のおもてなし ─────────── 73
1．旅の語源と旅を楽しむ　73
2．食旅と地元の食材のおもてなし　74
3．特産料理のおもてなしと不満　76
4．地方創生と食旅の消費対策　79
5．京のおばんざいとB級グルメのおもてなし　85

第7章　観光まちづくりと地方創生のおもてなし ─────────── 89
1．観光立国におけるおもてなし　89
2．観光の意義とおもてなしのにぎわい　90
3．観光資源における「モノ・コト・ヒト」とおもてなし　91
4．人的観光資源（ヒト）の五感へ訴求するおもてなし　94
5．観光立国と地方都市の創生のおもてなし　96
6．地方創生の「道の駅」と再生の「地元商店街」　99

第8章　文化の伝播のタイム・ラグと食のおもてなし ──── 105

1．日本文化の特色　105
2．文化の定義と文化要素の伝播　106
3．文化の要素のグローバル性とローカル性　109
4．サービスの形式知と極上のおもてなしの暗黙知　111
5．日本の食のおもてなしとタイム・ラグ　113

第9章　日本の食ビジネスの海外進出とおもてなし ──── 119

1．日本の食ビジネスの海外進出の増大　119
2．日本のサービス産業の海外進出の類型化とおもてなし　120
3．日本の食ビジネスのアジア地域進出とおもてなし　123
4．日本人とアジアの富裕層との消費性向の類似性と異質性　127
5．日本の食ビジネスの三方によしとおもてなしの現地化　131

第10章　和食の無形文化遺産登録とおもてなし ──── 135

1．和食の文化とおもてなし　135
2．世界遺産登録　136
3．無形文化遺産の保護と和食の登録　139
4．和食の歴史的背景とおもてなし　140
5．純粋な日本料理，和食および日本食の違い　147
6．和食の調理の「五法・五色・五味・五感」とおもてなし　150
7．和食の無形文化遺産と5W1H　153
8．和食のおもてなしの保護・継承に向けて　155

第11章　イスラム教の食文化と手食のおもてなし ──── 159

1．宗教と食文化　159
2．一神教と多神教との宗教観の違い　160
3．イスラム教の戒律　162
4．イスラム教の食の5W1H　165
5．一神教の食文化と手食の効果　167
6．宗教上の食のタブーとおもてなし　171
7．世界三大料理・トルコ料理の手食のおもてなし　173

第12章　ハラル・フードチェーンと訪日ムスリムへのおもてなし － 179

1．ムスリムに対する食のビジネス・チャンス　179
2．ムスリムの人口分布と訪日観光客　179
3．正規のハラル認証機関とその他のハラル認証　182
4．イスラム教におけるハラム事件例　187
5．「川上の農場から川下の食卓まで」のハラルのおもてなし　187
6．日本の食ビジネスに対するハラルの安全・安心のおもてなし　189
7．物流行程のハラル・フードチェーンのおもてなし　191
8．イスラム教の聖クルアーンの拡大解釈とジハード　196

索　引　199

第1章

「おもてなし」の目線とは

1. 日本のおもてなしの強み

　日本では1990年代初め頃から「心の時代」といわれるようになった。また，リーマン・ショックの2008年9月以降，世界的に多くの人びとも他者との心の交流を強く求めるようになった。なぜならば，ヒトは他者とのふれあいを求め，自分自身を丁重に扱ってくれることを好むことは国の別を問わず，変わるものではないからである。

　日本企業が海外の進出先で同業他社と競争する上で，優位性を発揮するには，差別化が必要となる。日本企業には，きめ細かな品質管理に基づくおもてなしの強みがある。では，日本のおもてなしとは何を根源として考えるべきであろうか。日本のおもてなしは，茶の湯の精神，その目線が前提となると考える。それを基準とし，本章では実際上，食ビジネスの接客スタッフなどの立ち居振舞いが，どのような目線で行われているかを考察する。とくに，日本の食ビジネスのおもてなしとは本来，どのような目線であるべきかを論じることにしたい。

2. 手厚いおもてなしの前提

(1) 動物的・本能的なもてなし

　動物として生きていく上で，人間はこの世に生を得て以来，自他への愛を本能的に有している。たとえば，エロスの男女の愛をはじめ，親子愛・家族愛，

さらに，仲間意識の高い者同士の場合，親愛・情愛・友情関係からのもてなしがあったことは明白である。昔から人間は同じ釜の飯を食べ，共同生活を通じて相互に親交を深めていた。それらは動物的な本能がなせるワザと共通する。他の動物と同様，また，人類の歴史上，昔も今も，変わるものではなく本能的で個別的なもてなしは存在したことであろう。それらは古今東西，動物の生存の歴史と共に続けられてきたことである。

　しかしながら，本書でいう「おもてなし」は，動物的な本能に基づくような親子の愛などのもてなしとは本質的に異なり，それらは対象外に考えることにしたい。おもてなしとは本来，特定の集団内で制度化され，それがその人間社会において文化として共有化されていることを前提としたい。

(2) 茶の湯のおもてなし

　大坂・堺の商人だった千利休（1522～1591年）が安土桃山時代に茶の湯を体系化したといえる。戦国時代は商人より武士が優位で上下関係となる身分社会であったが，千利休は茶の湯で茶室内での武士と商人との上下の身分差を排除した。茶の湯において，封建社会で主客が対等な関係，同じ目線になることを制度化させたのである。次節のように茶の湯では身分差を乗り越え，ヒト対ヒトが心を通わせる「おもてなし文化」を形成させたのである。

3. 茶の湯の制度的なおもてなし

(1) 日本風土における身分社会のおもてなし

　歴史上，日本では身分の上下を忘れ，対等で同じ目線となるおもてなしの心が地域社会で習慣的・制度的に確立していたかといえば，それは疑わしい。たとえば，封建時代では上下関係の身分制が大前提となっていた。上から目線で上位の者が下位の者に対し，モノを与える拝領や下賜（かし）が一般的であった。それらは必ずしも，対等・互恵の精神でのおもてなしではなかった。その基本

は家族愛・仲間意識のように同じ釜の飯を食する親しい対等な関係ではなく，むしろ上下関係の目線でもてなしが催されていた。たとえば，平安時代では宮中・公家らの大饗料理による公の饗応の宴が催されていた。しかし，多くの場合，身分・階級関係が本質的に介在していた。つまり，宴は上から目線で上が下（逆もあり）へご馳走してあげることが前提であった。また，武家社会における本膳料理に基づく宴でも，専ら階級性が優先されていた。それゆえ，16世紀という戦国時代は，親・兄弟といえども信頼し合えない下剋上社会であった。たとえ三日三晩，盛大な宴が催されたとしても，お互いが対等に心を通わせるというおもてなしとはなり得なかった。[1]

(2) 茶の湯の総合芸術のおもてなし

　千利休は武士と商人との身分差をなくし，主客対等な関係を構築するために，茶室へ入る際，武士でも刀や槍を持ち込ませず，丸腰でなければ茶室内へ入れないような狭い「にじり口」を考案したのである。茶の湯とは，一般に「お茶を点てる作法」と考えられがちである。しかし，根本は，お茶を通してホストとゲストが「お互いに尊重し合う」という精神を培うことにある。客と亭主がお互いに相手を気遣う無心な思いやりが大切になる。人間は自己主張することも時には大切であるが，同時に相手への畏敬の念も常に大切にするべきである。茶の湯の「おもてなし」，目線でたとえると，主客の立場は異なっていても，対等な同じ目線，相手の目線に合わせることを意味している。ホストとゲストが一体となって，おもてなしの場を共有し，共鳴し合うことで芸術的な時空間を生み出せる対等な関係を意味する。亭主がお茶を点てるということは，単にお茶を出すだけではなく，自分の大切な茶碗・道具類などを使うに値する相手だと認めることで客をもてなすということである。逆に，お客は，亭主の茶事のもてなしの意図・趣向を読み取り，そのもてなしに共鳴し，感謝を示すことが大切となり，主客間において相互性が必要になる。それは，次のような用語からも理解できる。

1) 一期一会の精神

「一期一会」のホスピタリティ精神は一種の刹那主義とは異なり，亭主と客の出会いは一生に一度の新鮮な気持ちで，その瞬間は二度と同じではないと全身全霊をもって向かい，感謝・感動を共有することである。茶事における亭主は最善の気配りで客をもてなしし，一方，客は素直に亭主の趣向を感じ取る心構えが求められる。

2) 和敬清寂の精神

茶室内において互いに誠意を尽くすという「和敬清寂」の「和」「敬」は共に主客の心得を，「清」「寂」は茶庭・茶室・茶器などに関する心得を意味する。身分の上下を問わず，主客がお互い尊敬し合い，同じ Win-Win（勝つ，勝つ）の目線となることを基本としている。「和敬清寂」という文字は，ヒトに対しても，モノに対しても，コトに対しても温かい思いやりの心で対処することを意味している。

このおもてなしの心は戦国時代の落ち着かない，荒れすさんだ武将の人心を慎め，精神を和らげ，とくに武士・町人との融和・相互信頼性を高めることに貢献した。

3)「賓主歴然」と「賓主互換」

「茶の湯においては，亭主は客の気持ちを考え，客は亭主の立場に立って，お互いがその心で足らざる処を補いあい。そのこころの到れり，尽くせりの処をお互いが感謝し合い，喜び合うことである」[(2)]。それゆえ，茶の湯では「賓主歴然」や「賓主互換」が前提となっている。賓とはもてなされる側の客であり，主とはもてなす側の亭主のことである。「賓主歴然」とは，亭主と客とは厳然として役割分担が異なることを意味する。亭主と客とは立場は異にすれども，お互い時空間を共有し合い，同じ目線でもってお茶を楽しむのである。賓主互換とは，客になったら亭主の気持ちとなり，客を迎えたら，亭主は客の心となる。主客が入れ替わっても相手の目線を自分に置き換え，気遣いの心に徹する。賓主が自分と相手の目線を心得ているからお互いが共創し合えるのである。

亭主と正客について,「二人の間に一分の隙も見せないで,しかもお互いに褒めるべき点は充分に認め合う,という名人と名人との立ち合いを見せています。腕のいいピアニスト二人の連弾を聴くようなリズミカルな流れを両人の間に感ぜずにはいられません」といっている。茶室では,亭主のリズムに乗って正客をはじめ,一座の連客との間に相互主義に基づくおもてなしが展開される。

茶の湯のおもてなしの心は,茶室内という時空間で武士と商人との身分の上下関係を忘れさせ,主客がお互い尊敬し合い,同じ目線であることを前提としてきた。それゆえ,制度的にも日本のおもてなしの真髄は茶の湯の精神に基づくものといえよう。

4. ヒトの目線の類型化

目は口ほどにモノをいうが,モノをみる時のその目の方向を意味する言葉には「目線と視線」がある。見ているモノを追って目が動くことを「視線(目線)が動く」という。ヒトとヒトがお互いに見交わす時,二人の目の向きが正面からぶつかり合うことを「視線(目線)が合う」という。この場合,「目線と視線」双方が同じ意味で使われている。普通,日常的には,目で見ている方向では視線が使われる場合が多い。しかしながら,映像を媒体とするマスコミ関係者などでは,業界用語として目線を使うことが多いといえよう。ここでは,モノの見方や考え方という目の力を問題視しているために,目線という用語を使うことにする。表1-1のように目線は,次の3つに類型化することができよう。

表1-1 目線の類型化

上から目線	Win-Lose（勝つ,負け）の関係	King and Servant
同じ目線	Win-Win（勝つ,勝つ）の関係	Ladies and Gentlemen
下から目線	Lose-Win（負け,勝つ）の関係	Servant and King

(1) 上から目線

　上から目線のWin-Lose(勝つ，負け)の関係とは，本来，「上からモノをいう」ことで，組織の上位の者から下位の者へのトップ・ダウン(top-down)となる場合が多い。しかし，この上からの目線とは組織の上位の者が下位の者に対し，垂直的関係で露骨に見下し，理解しないで考え方を一方的に高圧的に押しつけることを意味する。つまり，王様と召使(King and Servant)の関係である。また，対等，あるいは自分より下位の立場にあるにもかかわらず，その発言が見くだす態度の場合も含まれる。上から目線とは，一般的には身分や職位などの上下関係がなくとも，高圧的な態度のために，その言動を非難する意味でも使われる。

(2) 同じ目線

　同じ目線のWin-Win(勝つ，勝つ)の関係とは，お互いの存在意義を認める相互承認をいう。双方共に相互信頼関係，水平的関係でホストとゲスト(Host and Guest)，淑女と紳士(Ladies and Gentlemen)が同等な信頼関係にあることを意味する。同じ目線とは一体どういう状況となるのか。端的には，「子どもと話す時，しゃがんで子どもと同じ目線にしないと，子どもは心を開かない」という。同じ目線で子どもと付き合うには，目線の高さを合わせることによってお互いに親近感を覚える。子どもの見えている世界を大人が理解することにも役立つ。相手の話をよく聴いて，相手と同じ目線で話をすることが大切である。

(3) 下から目線

　下から目線のLose-Win(負け，勝つ)の関係とは，上から目線の反対の立場であり，同じように垂直的関係で捉える。相手を上位にし，自分を下位におき，仰ぎみる考え方をいう。下から目線では，表面的に丁寧で礼儀正しいように見えるが，内面に下心・邪心が秘められている。そのために，妙にへりくだってペコペコ媚びる状態となる。下から目線は，意図的に相手を上位にし，自分を

下位として，もっぱら平身低頭な振舞いをするために，ボトム・アップ(bottom up)の状況とも似ている。しかも，召使と王様(Servant and King)という主従関係を意図的に演出するものであり，本心とは異なっている場合が多い。

5. 日本のおもてなしの目線とは

「おもてなし」という言葉は，2020年の東京オリンピック・パラリンピックの開催決定時に注目を集め，2013(平成25)年の「新語・流行語大賞」となった。近年，自治体・商店街・店舗などでは，おもてなしをコンセプトにした活動が多様に行われており，日常的に使われる用語となった。

このおもてなしとは名詞の「もて(持)」と動詞の「なし(成し)」で構成されている。それは日本人の心優しい気づきでヒトの立ち居振舞いと一般に理解されよう。では，日本人の生活文化には「お」という敬称を付する言葉遣いが多い。たとえば，「おはよう」「おやすみ」「おおきに」「お酒」「お塩」「お米」などというようにモノやヒトに対する「思いやり」を含んだ敬称がある。日本人の生活文化には「お」の思いやりが根付いている。この「もてなし」(持成し)に「お」を付するならば，以下のような拡大解釈が可能になるのではなかろうか。

表1-2 おもてなしの二面性 (表裏)

表裏なし	裏のみ
無心・素直な心	下心・邪心
Host and Guest	Servant and King
Win-Winの関係	Lose-Winの関係
同じ目線	下から目線
臨機応変な対応	過剰なサービス

(1) おもてなしの「表裏なし」

表1-2のように人間の性格には，表裏の二面性が存在する。おもてなしは「表なし」と解されよう。「表の心もなく」「裏の心もなく」，相手の喜びが自分の喜びと解する。換言すれば，表なしとは正面の表情を変えずとも，裏面では相手の表情を先読みし，気遣い，心遣いをする行為といえる。つまり，「表裏（おもてうら）なし」を「持って成す」とは透明で素直な心，無心な行為といえる。無心なる行為は相手と一緒に「共感・共歓・共創」することになる。おもてなしは経済合理的な見方だけでは論じがたく，他者への思いやり，優しさに通じ，何気ないしぐさや身のこなしが求められる。

日本のおもてなしとは，常に気が利（き）く，目が利く，体が利くヒトでなければできない。とくに，五配り，いわゆる「心配り，手配り，目配り，気配り，身配り」のような立ち居振舞いだけでなく，さらに，見えない深層からの他者への想いを含め，表裏一体となった無心な気持ちが大切になる。日本のおもてなしとは，もてなす側（売り手）ともてなされる側（お客）との双方が共に素直な心，同じ目線，いわゆるWin-Winの相互関係を意味する。

(2) おもてなしと「裏のみ」のサービス

おもてなしを「表なしでは裏のみ」存在すると，揶揄することもできよう。つまり，表なしとは表裏一体ではなく表向けのタテマエが省かれ，裏のみとな

表1-3 おもてなしの三位一体（モノ・コト・ヒト）

モノ（ハード）	シツライ(室礼)	インテリア・施設・器具・備品などの最適な物体間の調和等
コト（ソフト）	フルマイ	時間の経過と共に展開・進行する適切なやり方，システム等
ヒト（ヒューマン）	オモテナシ	ヒトの最適な五配り（心配り，目配り，気配り，身配り，手配り）

出典：山上徹編『ホスピタリティ・ビジネスの人材育成』白桃書房，2012年，8頁より作成。

り，それでは専ら下心・邪心をもった腹黒いホンネの部分のみの存在といえる。

たとえば，最近，おもてなしがマス・メディアで頻繁に取り上げられ，大衆化することにより，おもてなしとは「裏のみ」と皮肉られ，下から目線のLose-Win（負け，勝つ）の関係と誤解されていないであろうか。とりわけ，おもてなしを受ける側（買い手）を「王様・神様」と見立て，持ち上げるような行為がなされていないであろうか。この場合，おもてなしをする側（売り手）は「従者」のごとく，へりくだれば良いと，「下から目線」の過剰なパフォーマンスが行われていないであろうか。おもてなしをする側の裏のみの腹黒いホンネは金儲けのためであり，その邪心が見え隠れしており，その手段のために，なりふり構わずに「下から目線」の対応が行われているように思われる。

6．おもてなしとホスピタリティとの共通性と特異性

日本の食ビジネスのおもてなしとホスピタリティ（hospitality）との間では，共通性と特異性が存在する。

(1) おもてなしとホスピタリティの共通性

おもてなしとホスピタリティとの共通点とは，自他共に人間は同じ存在であるということが前提となる。それはホストとゲストとの対等な関係，つまり，人間は等しく尊厳的な存在であり，他者の身になってヒト対ヒトが心を通い合わせることである。主客双方が同じ目線で「客の喜びは自分の喜び」というように水平的関係，Win-Winの相互関係で双方は共通している。これらの共通性には，上からの目線で「してあげる」という意識でなく，対等関係に基づき「させていただく」ことを意図する。おもてなしとは単に豪華で，美味しいご馳走の提供や下心，邪心を持って行う行為とは異なり，心と心を通わせ，ヒト対ヒトが同じ目線になることである。日本のおもてなしとホスピタリティとは互いに相手を尊重し合い，心と心が通い合うという同じ目線になることである。

もてなす側ともてなされる側とは上下の優劣はなく，対等の関係を前提としている点で共通しているといえる。

(2) 日本のおもてなしの特異性

禅語に「竹に上下の節有り」(竹有上下節)という言葉がある。竹には上下に節が多くあるが，人間社会にたとえると，年齢差に基づく上下関係と区別できる。しかし，竹の節毎に役割分担が異なるように人間社会でも，それぞれの役割には優劣の差がなく，Win-Winの共創関係を意味する。

日本のおもてなしとは指示待ちやマニュアルに過大に依存することなく，もてなす側の先回り・先読みの気づきが基本となる。つまり，口調や間合いの取り方などを含め，お客の要望がなくても，黙って恭しく暗黙の了解となる「不言実行型」にて，最適な気づきの所作が実践されることにある。日本のおもてなしはお客に何を求めているか，問いかけること事態が大変，失礼なことであると認識し，むしろお客を大切に想って不言実行型の先回り・先読みによるパフォーマンスが行われる。

日本のおもてなしはマニュアル的な一般的な対応で充たされず，お客への先回りの思いやり，優しさ，何気ないしぐさや身のこなしが評価される。接客スタッフの先回り・先読みの繊細な心づかい，また，口調や間の取り方などによってお客(受け手)が求めていた期待以上の満足感の充足となる。とくに，接客スタッフの先読み・先回りの行為で，漠然としていたお客のニーズが具体的に，このようなことをして欲しかったと，顕在化して充たされれば，期待していた以上の満足感を与えられる。接客スタッフの経験・体験に基づく主観的なワザ，いわゆる身体的な勘どころのような暗黙知によって極上のおもてなしが提供される。日本のおもてなしには先回り・先読みで，お客の潜在的なニーズを顕在的な欲求へと転換し，双方が感動し，Win-Winの関係が築き合えることを意味する。

(3) ホスピタリティの特異性

1) ホスピタリティの語意

　ホスピタリティと類似して使用されているホスピス(hospice)の語源は「客人の保護」を意味するラテン語のHospesである。つまり，ホスピスは「中世における旅人や巡礼者のための癒しの館や末期患者の治療施設に由来する。それは明らかにホテル(hotel)や病院(hospital)とも関連する用語」である。今日，生命の終期が迫っているヒトに対しては，残された時間を安らぎや満足感を持って過ごせるように配慮せねばならない。そのために，ホスピスでは患者との目線を同じくして悩みを聴き，これまでの功績を認め称え，慈愛に充ちた気持ちで接することが求められる。また，日本では，ホスピタリティに類似する言葉として，「饗応，接待，歓待，厚遇」などがある。それゆえ，ホスピタリティという用語には「客人・旅人・患者を手厚くおもてなしするための行為と精神的な関係性」を含んでいる。それはホストとゲストのような対等な関係を意味する。

2) ホスピタリティの特異性

　欧米におけるホスピタリティの場合，レディー・ファースト(ladies first)を原則としており，お客を気遣う際，必ず，まずMay I help you? と伺う。つまり，それはお客の個別的な要望が何であり，どのようなことを求めているかを問いかけ，その返答後に，どのような行動をするかを判断することになる。ホスピタリティは，日本のおもてなしの先回りの気づきというよりも，行為自体を行う前にお客が何を望んでいるかを確認するという「有言実行型」となるという特異性が一般に見られる。ホスピタリティの場合，お客の人格を尊重して，まず伺って判断するという行為が基本といえよう。

　しかし，全米最大の高級デパートのノードストローム(Nordstrom)では，「顧客が靴を試着する際，スタッフが足のサイズを測ってフィットする靴を持ってくるだけではなく，顧客の服装から好みに合いそうな別の靴も一緒に提案する」という。そのような先回りの提案により，お客は自分がスタッフから大切

に想われていると実感し，感動することで売り上げを伸ばしている。まさに日本的な不言実行型のおもてなしが米国にも存在しているといえよう。しかしながら，ホスピタリティの基本は，お客と対面して有言実行型で，その真意を伺う。この返答を受けて，マニュアルで社員全員が共有化している形式知で持って適切に対処するのが一般的である。

3) ホスピタリティと対立する語

この好意的な水平的関係のホスピタリティに対し，ホスティリティ(hostility)とは，反転し，むしろ逆の立場の意味となる。つまり，敵対行為(hostility)，人質(hostage)，さらに，敵意・悪意を含んで強く嫌悪(hate)という反転・対立する言葉が存在する[7]。それは非好意的・敵対的な行為となる。まさに，ホスピタリティの最愛に対し，ホスピタリティは憎悪であり，双方は「覆水盆に返らず」のごとく，表裏一体の密接な関連性を意味している。客人は本来，見知らぬ異邦人ゆえに何をするか判らないし，自分らを滅ぼす敵意があるかもしれないという不信感が同居している。見知らぬ客人を拒絶するか，受け入れるかの判断の分かれ目である。受け入れて歓待するのであれば，徹底したおもてなしをすることになる。

7. サービスの目線とおもてなしの目線との違い

(1) サービスの語源の目線

サービス(service)とは本来，「奉仕・無料・服務」などを意味し，かつて経済学ではそれを「用役・役務」などと称していた。サービスとは語源的に，ラテン語の形容詞，Servus(奴隷の，地役権のある)に基づき，Slave(奴隷)，Servant(召使)などに由来する。それゆえ，サービスの語源は，本質的に「上下関係」「主従関係」という上下の目線になる[8]。つまり，上位の強者である「主人」は所有・支配権・権力性・優越性を背景とした優位な立場にあり，他方，下位で弱者である「従者」は隷属性・依存性・服従性を強いられ，劣位な立場で縛られている。食ビジネスのサービスを提供する際，もてなす側(売り手：従者)

ともてなされる側（買い手・王様）との間で一時的に，上下関係が成立することになる。

　食ビジネスでは「下から目線」に慣れているお客が，「お客様は神様」と錯覚し，上から目線で高圧的になり，時には，もてなす側が従者のごとく，土下座を強要する事態が起こりかねない。極端な場合，お客が理不尽な要求をするモンスター・クレーマーといわれる存在ともなる。それは身分の「上下関係」(hierarchy)や主従関係からの高圧的な「上からの目線」の態度といえよう。

(2)　ダーティーな接待の目線

　日本の食ビジネス社会では，慣習的にダーティーな接待が行われてきた。それは客を招待し，特段の飲食や贈物などを提供する代わりに，見返りを期待するという「下心をもった特段のもてなし」を意味する。食ビジネスの接待のダーティーなる所以は「ビジネスの思惑」「裏のホンネ」が見え隠れする。つまり，「特段のもてなし」自体には，見返りを求めるという下心の背景がある。その場合のダーティーな接待は意図的に相手を持ち上げ，接待する側がサービスの語源と同じく，「下から目線」の従者のごとき，立ち居振舞いをいう。

(3)　身分と契約との目線の違い

　サービスはタテの上下関係，主従関係の目線にあるとした。かつて原始的社会から近代的社会へと進展する法則としてメーン(H. J. S. Maine)は，1861年「古代法」(Ancient Law)を著し，「身分から契約へ」(from status to contract)の移行を提起した。古代，中世の社会関係では王様・お姫様・貴族・雇用者対奴隷・召使・農奴・従者などのように上下関係に基づく身分関係が現存していた。しかし，近代社会では平等な対等関係・同じ目線に基づく存在を前提条件とするように変革した。前者の身分社会は，まさにサービスの語源とも類似し，上から目線となる主従関係に束縛された身分の優先社会を意味している。一方，おもてなしは，対等・互恵なる同意に基づくという同じ目線を前提とする契約社

会といえる。それゆえ,「身分から契約へ」を「サービスからおもてなしへ」と置き換えて考えられる。サービスとは身分の高い側の満足を優先する色合いが濃く,他方,おもてなしは対等な契約関係に基づき対峙する双方間の満足が前提となる。

近年,「正社員から契約社員へ」と労働契約が変更されている事例が多い。その場合,基本的に,上から目線で経営者側が契約条件を一方的に変更するものではなく,経営者と対等な立場にて契約内容について十分話し合うべきである。双方(経営者・社員)が同じ目線で同意し合うことが前提となるべきである。

8. 士農工商制度と江戸しぐさの目線

(1) 士農工商の目線

江戸時代は武士社会を中心とした社会,いわゆる近世の「士農工商」(四民)の身分社会制度であった。それは目線の上下関係を表している。サムライは政治を行い,統治を行うから身分制度の上位に君臨する。農民は過酷な労働に耐えてコメを作り,国家の基幹経済を支えるから農産物という価値を創造するために第二位となった。職人は自らの腕で加工し,モノの価値つくるから第三位に位置した。しかし,商人は自分では何も価値を生み出さず,農民,職人の作ったモノを移転・流通させるだけで手数料を稼ぐということで,卑しい職業と意識されて最下位の身分となった。「武士は食わねど高楊枝」とやせがまんをしているが,その目線は「上から目線」ながらも,しかし,貧乏な武士が多かった。一方,商人の身分は最下位で目線は低いけれども,大富豪といえる商人に至っては,武士に大金貸し,時には武士に頭を下げさせていた。

(2) 武士社会と江戸しぐさの目線

江戸時代,世界でも最大級の大都市であった江戸の商人社会では,知らない者同士が共に平等に接する工夫として江戸しぐさが成立したと「特定非営利活

動法人江戸しぐさ」が捉えている。しかし，当時の江戸は武士社会であり，上から目線の武士に対し，身分の低い商人・町衆らが武士と共存するための知恵として，下から目線となる「商人しぐさ」（繁盛しぐさ）などが存在したと考える方が正しかろう。町衆が身体，刀や傘などが触合わない配慮，道を譲ったり，大名行列を横切って妨害しない行為などの心づかいを行っていた。そのような行為は上から目線の武士にとっては大変，「無礼・不法」であり，商人らは切捨御免の対象にならないような振舞いが必要となったのであろう。それゆえ，江戸時代，上から目線の武士に対し，町衆自身の身を守る正当防衛のために江戸しぐさが成立したといえよう。町民全般に広げる役割を担ったのは「寺子屋」や「講」などであり，次第に，［江戸しぐさ］が商人から一般の町民へと広まったといえよう。明治時代，近代国家に脱皮するために，江戸時代における「上下の目線」という身分制度が廃止され，制度上，一応，同じ目線に基づく四民平等な社会が形成されたといえよう。

注
(1) 全国料理業生活衛生同業組合連合会和宴文化研究会編著『おもてなし学入門』ダイヤモンド社，2007年，1頁。
(2) 大森宗晋『茶の湯・心と形』白川書院，1978年，42～43頁。
(3) 江守奈比古『わびの研究』河原書店，1989年，215頁。
(4) Powers. T., *Introduction to the Hospitality Industry*, John Wiley & Sons, 1988, p. 4.
(5) 名東孝二・山田晫・横澤利昌『ホスピタリティとフィランソロピー』税務経理協会，1994年，25頁参照。
(6) 日本フードサービス協会「外食産業マネジメント基礎研修」『ジェフマンスリー』日本フードサービス協会，2014年10月，19頁。
(7) 内藤耕・赤松幹之『サービス産業進化論』生産性出版，2009年，42～43頁参照。
(8) 服部勝人『ホスピタリティ・マネジメント入門』丸善，2004年，30～32頁参照。
(9) 原田実『江戸しぐさの正体』講談社，2014年，18頁参照。

第2章
おもてなしの人材育成

1. おもてなしとは何か

　本書では，日本のおもてなしと英語のホスピタリティという用語とは同じような意味にて使用することにしたい。おもてなしの特徴は，端的には，次のように，第1章にて述べた「目線」をはじめ，「拍手の音」「ウサギとカメの童話」の視点から考えることができよう。

(1) 「目線」

　第1章にて述べたように相手を思いやるおもてなしの心を「目線」で考えると，どのような目線となるであろうか。大人が子ども（あるいは患者と介護者など）と対話する場合，子どもと同じ目線になるように膝を折り曲げ，笑顔で接することが大切である。それは上位から下位，下位から上位といった上下の目線よりも，同一の目線である。おもてなしの心とは相手に合わせ，共通・同等となるWin-Winの目線である。

(2) 「拍手の音」

　おもてなしとは，両手から発する「拍手の音」からも理解できる。拍手は手の合わせ方でさまざまな音色になる。しかし手を合わせて打つ拍手であるが，その響きはどちらの手から出たものか。一方の手の音とはどのような音色か。それは片方の手が弱いか，強いかという問題ではなく，両手のタイミングが音

色を変える。両手のタイミングが合致すると，良い響きとなる。おもてなしは両手のタイミングと同じように調和が必要となる。相手との調和が適切か否かによっておもてなしの善し悪しの評価が異なる。おもてなしはお互いに信頼し合い，双方向のコミュニケーション，イコール・パートナーシップ（equal partnership）となる調和の精神が求められる。

(3) 「ウサギとカメの童話」

　おもてなしの心は「ウサギとカメ」の駆けっこの童話からも理解できる。走る速度でカメは明らかにウサギに劣るにもかかわらず，コツコツと努力し，その競争に勝った。昔から日本人は，どちらかといえば，カメの努力を称賛してきた。しかしそのカメの生き方は，本当に正しかったのであろうか。途中でウサギが居眠りしたことは，競争社会では油断は禁物で評価できない。しかしながらウサギが眠っていたのではなく，本当は急に走ったために「心筋梗塞」となり，うずくまっていたのかもしれない。それを確かめようともせず無視して通り過ぎたカメはなんと薄情な動物ではないであろうか。もしカメに相手を気遣う，気配りの心のゆとりがあれば，病気か否かを確かめたであろう。しかしひたすら駆けっこ競争に勝つことばかり考えていたカメはウサギを思う心のゆとり，おもてなしの心が乏しかったと批判できよう。

　おもてなしは精神と実際の行動との2つの面から区分できる。つまり，おもてなしの心の面からは相手の価値観や存在意義を認め，信頼し合い，助け合う目線，端的には「共生・共有・共感・共創」などの深化を意味する。また立ち居振舞いという実際の面から基本的なスキルとは，「笑顔・挨拶・お辞儀」という三要素でおもてなしを要約できる。

2．おもてなしの基本スキル

　日本のおもてなしは，昔から規則と慣習に基づいているものが多い。おもて

なしの基本は,「挨拶・笑顔・お辞儀」「身だしなみ,言葉づかい」にある。それはだれでも同じようなマニュアルに基づく応対ではなく,お客様は「十人十色」,さらに,「一人十色」と多様化している。個人それぞれにそれぞれの時空間にふさわしい応対がなされることが必要になる。接客スタッフはお客の満足度を高めるには,次のような「挨拶」「お辞儀」「笑顔」という所作がおもてなしの基本スキルとなる[1]。

(1) 挨拶

　挨拶はヒト対ヒトとが出会った時,別れる時に交わす儀礼的な所作や言葉である。また,その言葉を述べることをいう。挨拶の挨(あい)には,心を開くという意味,拶(さつ)には,心に迫るという意味が含まれている。つまり,挨拶とは,自分の心を開き,相手の心を開かせ,心と心が触れ合うという積極的な行為である。相手への敬意・親愛の意を示す行為で,対人関係を円満にし,コミュニケーションを円滑にする。お客の送り迎えをするに当たり,「3・7の注意」が必要になる。つまり,お客が来店した時のお迎えの挨拶から始まるが,その応対は三分のエネルギーを注ぎ,お客の帰りを見送りする際,七分の細心の神経を傾注することが大切になる[2]。見送りの時,お客はその応対が丁寧であると良い印象を持ち,「終わり良ければすべてよし」である。お客が良い印象で満足度も高くなれば,再度,来店する可能性も高まる。

　カーネマン(Daniel Kahneman)が1999年に発表した,あらゆる体験の「快苦の記憶」は,ほぼ完全にピーク時と終了時の快苦の度合いで決まるというピーク・エンドの法則(peak-end rule)がある。この法則を適応し,最近,ホテル・旅館などではお客へのおもてなしのポイントをチェック・アウト前の朝食に置いたり,あるいは別れの最後の心温まるお見送りに置いたりし,良き余韻が長く残るようにエンドを大切にしている。

(2) お辞儀

　お辞儀は，挨拶や感謝，敬意などを表すために，相手に向かって腰を折り曲げる動作である。「辞」は断る，詫びる，「儀」は立ち居，振舞いという意味がある。離れた位置で，頭を前方下に傾ける。その傾け方で敬意の差を示す。丁重なお辞儀には腰を90度近くにまで折り曲げて頭を深く前に下げる所作，また，畳の上では，正座して膝の前の畳に両手を揃え，額がその両手の指先あたりにつくまで上体を前にかがめると，丁重なお辞儀といえる。最も丁重なお辞儀とは全身を伸ばして地面にひれふす「五体投地の礼」が宗教の世界にある。お辞儀(真)に比べ「会釈」(行)は簡略的になり，さらに「目礼」(草)はお互いが目と目を見交わすだけとなる。

　挨拶とお辞儀のマナーとは，言葉が先，お辞儀が後という「語先後礼(ごせんごれい)」「先言後礼(せんげんごれい)」が基本となる。つまりそれは，お辞儀しながら言葉を発するのではなく，「ありがとうございます」などの言葉を先に言ってから，その後に頭を下げることをいう。ビジネス・マナーにおいて男性は腰を曲げた時，手は体の横にそのまま添わせるが，近年，女性は臍の下あたりで，両手の指先を重ねるように変化してきている。

(3) 笑顔

　他の動物と異なり，人間の顔面には多くの表情筋という顔面筋肉が発達している。明るい笑顔はおもてなしをする上で最も大切な要素のひとつである。顔の表情は内面の心を表し，笑顔は相手に思いやりや優しさを伝える。良い笑顔とは，見ているものをも笑顔にさせるという長所があり，それは魔術ともいえよう。笑顔は口元だけでなく，顔全体の表情をいう。とくに，歓迎の気持ちが眼の色に表れることを魏が中国の華北を支配していた時代(220～265年)の隠士の阮籍(げんせき)は「ヒトが訪れてきた時に，気に入ったヒトが来たら青眼，気に入らないヒトが来たら白眼で迎えた」という。青眼は「ヒトを歓び迎える意の表れた目元」と理解できる。おもてなしの笑顔の表情は口元ばかりでなく，

目元も大切になる。

　食ビジネスでは笑顔が重要視されることが多い。昔から商売の要諦とは，「笑う門には福来る」「商は笑(しょう)なり」，つまり，「商」は「笑」にして「勝」なり，「笑」を「省」ずれば，「商」は「小」なり，「笑」を「昇」ずれば，「商」は「勝」なりと「商売は笑売」に撤すると商売繁盛する。笑顔のおもてなしには元手が要らないが，しかし，莫大な利益を創り出すことができよう。

3. ビジネス業界における「じんざい」の違い

(1) 人財・人材・人在・人罪の違い

　表2-1のようにビジネス界では，一般に「じんざい」を「人財・人材・人在・人罪」という4つのパターンに分類している。人材育成(human resource develoment)においては，近年，「人材」ではなく，「人財」の用語が良く使われる。その理由の多くは「材」とは材木・食材であり，人間を材料扱いとするべきでないという視点からである。そのため，社員は企業・組織の資産・財産と捉え，「人財」という表記が一部で選好されている。人間は企業・組織においてモノ・材料でなく，資産・財産という意味を込めたいとの考え方は評価できる。しかし，たとえば，土地・貨幣という財は価値が確定した結果であり，その価値は比較的に持続・耐久性があり，人財は一部の有能なヒトが対象になる過ぎないであろう。

表2-1　ビジネス業界における「じんざい」の形態

	実績	将来性
人財	顕在的に実績のある人	カネのなる木，人在・人罪ともなる
人材	実績はないが，潜在力がある人	未完成な人，成長が期待できる人
人在	かつて実績があるが，指示待ち人間	今後は成長が見込めない人，人罪になる
人罪	実績も貢献もしない，企業のお荷物	成長も期待できなく，人員整理の対象

出典：井上昌俊『人は人によりて人となる』プレジデント社，2001年，50～53頁より作成。

(2) 木の文化における人材

　日本では，耐久性のある「石の文化」を基盤として成立してはいない。日本は腐敗・焼失・消耗するという脆さ・弱さがある「木の文化」によって形成された国家である。日本人は昔から農業・林業を持って生計を立ててきた。作物・植林は生き物であり，それらを立派に成長・成育させる作業は，細心の注意や手間ひまを要し，そのプロセスにおける適否で付加価値が増減する。人間は当然，ライフ・サイクルを有する生き物であり，同様にプロセスの如何により付加価値が増減する。農耕・植林作業と同じように企業・組織の人材育成では，細心の注意を払えるか否かというプロセスが大切となる。ビジネス界における人材育成を考える場合，人間には弱みが存在し，未完・潜在力の顕在化のために研修・教育・訓練することが必要であるので，人材という用語が適切と考える。

(3) 企業の貢献度の「2・6・2」の法則

　昆虫のハチ社会では，ひとつの巣のなかで役割分担が存在する。女王バチは産卵を担当し，ひたすら産卵に専念している。一方，働きバチは餌集めを担っている。しかし，たとえば，100匹の働きバチ全部が皆働いているであろうか。詳細に観察すると，実際に2割(20匹)が良く働き，6割(60匹)がある程度，指示通りに働き，残りの2割(20匹)はまったく働いていないという。この後者の働かない2割(20匹)のハチを取り除き，80匹にした場合，残った80匹の2割(16匹)がやはり働かなくなり，逆に働いていたハチを取り除いた場合，働かなったハチが働くようになるという。いわゆる組織構成には2・6・2の法則が存在するという。

　人間の組織活動でも，2・6・2の法則の割合が同じように存在するという。つまり，2割の「人財」が良く働く，組織を引っ張る有能なヒトらである。また，潜在力のある「人材」と，かつては活躍し，現在は存在するに過ぎない「人在」の6割が程々に働く。これらのヒトは，組織を維持するだけのヒトである。そ

の他，残りの2割はまったく働かない寄生虫のような「人罪」である。この法則に対し，同様に組織の「人材」には比率が異なるが，3・4・3(サシミ)の法則がある。その3割がやる気のある優秀な「人財」(一部人材を含む)であり，4割が普通の「人材・人在」で構成されており，3割がやる気のない「人罪」(一部人在を含む)であり，後者は人員整理の対象になる場合が多い。

4. ビジネスにおけるおもてなしの人材育成

　近年，労働環境が激しく変化している時代である。たとえば，労働力の高齢化や働き方の多様化といった変化が確実に進行してきている。また，賃金制度も成果主義へとシフトしてきている。

　しかしながら，現代ビジネスの職場では，低次元な生理的欲求よりも自己実現欲求，さらに超越的な発展欲求を求める人びとが多いことは変わらない。それゆえ，ビジネスでは，積極的に働くためのやる気のある人材確保が必要になる。職場の全社員が共有するべき心構えは，お客が期待する以上の満足を提供することである。お客の「したいこと」を実現化させるには，マニュアル以上の立ち居振舞いをはじめ，参画型の商品づくりやシステムなどを開発し，共創的な実現欲求を充たすべきである。そのためにも，接客スタッフは接客業務を天職と考え，日頃から自己啓発に努め，教育・訓練・研修にて能力開発が行われるべきである。ビジネスでは自社の経営理念を実現化する上で，次のような視点が必要となる。[6]

(1) 最適な人材の採用(best possible man)

　企業の経営理念を達成するにはどのような人材の採用が必要であるのかを考え，採用後よりも，採用時そのものに重点を置くべきである。一般に，食ビジネスに求められる人材には明朗で感情の起伏が激しくなく，かつ何事にも積極的に自己主張ができ，気づきができる「可能性のある人材」を採用することが

望まれる。その上で，人材育成にはどのような人材能力・態度・行動様式が必要となるかを考え，「ヒトを育てる」ために社員の教育・訓練・研修などを徹底させる。

(2) **最良の業務方法(best possible work)**
　社員の行動が経営理念・行動指針に基づき実施されているかを評価する。社員個人ばかりでなく，全社員，各種のステークホルダーとの双方が共創して実現欲求を可能にするようなマニュアル化・文章化された形式知・システムが開発されているか否かが大切になる。

(3) **最高の効果発揮(best possible effect)**
　「気づきが実践できる」という観点から人材育成・職場環境づくりが実施されるべきである。働き易い職場環境であるか，そのシステムが十分に機能しているか，成果を検証する。とくに，社員に対しては業務上の権限と責任が現場へ委譲されているか，かつ，身体的な加重負担になっていないか，社員の業務時間や感情面のコントロールができているかなどを評価・改善することを心掛けることが必要となる。

5. 自己実現欲求の人材確保

(1) 指示待ちのXタイプ
　1960年，マグレガー(Douglas Murray McGregor)は『企業の人間的側面』(The Human Side of Enterprise)[7]を刊行した。それは，「マズロー(A. H. Maslow)の基本的欲求のヒエラルキーの考え方を受け入れている。」[8] つまり，人間は十人十色であり，また，たえず欲求を持つ動物と考え，X・Y理論(X-theory・Y-theory)を提唱した。人間のタイプにはX-Yを繋いだ線上にあるという前提に基づき，表2-2のように人間の特性を2つにパターン化した。

表 2-2　マグレガーの XY 理論の人間観

X タイプの人間観	Y タイプの人間観
人間は本来，怠惰であり，働こうとしない	人間は条件次第で自ら働こうとする
強制や命令がないと，社会組織の目的達成のために自主的には行動しない。	人間は報酬次第で献身的に身を委ね，業務目標に向けて努力する存在となる
「アメとムチ」による経営手法となる	自己実現のために自ら積極的に行動する

出典：McGregor, D., *The Human Side of Enterprise*, McGraw-Hill, 1960, 高橋達雄訳『企業の人間的側面』産業能率短期大学出版部，1966 年，38～54 ページより作成。

　X タイプの人間観は，アメ（人参）＝賃金などの刺激とムチ＝命令，強制，処罰によって人びとにやる気を起こさせようとする。X タイプの人間観に立った代表的な管理論は，テーラー（F. W. Taylor）の『科学的管理法』（The Principles of Scientific Management：1911 年）であった。テーラーは当時行われていた成行き管理に対し，人間は一元的な X タイプであるという前提から時間や動作について研究した。その背景には「生産性を最高に持って行く」という組織目的達成のために，人間自体は生産手段として捉え，作業工程や方法・手順・条件などについて標準化し，オートメーション化を徹底した。X タイプは命令統制に関する伝統的見解であり，低次元の欲求を多く持つ人間の行動をモデルとした。

　労働が嫌いで経済的動機に基づいて働き，指示されたこと以外は実行しないとする X タイプについては，「無愛想なウエートレスや意地の悪い銀行員，頼み事をされないようアイ・コンタクトを避けている客室乗務員に応対してほしいと思うような客はいない」。礼儀正しい態度をしているのは給料を貰っているから仕方なくしているまでという人びとが現実に多く見受けられる。この受動的な X タイプの原因には上から下へと情報を伝える上意下達（トップ・ダウン）に依存している。つまり，「トップ・ダウン組織は，ピラミッドのような形になる。」食ビジネスにおいては，このような X タイプのマニュアル通り，指示待ち的な対応ではお客に空しさを感じさせることはいうまでもない。

(2) 自己実現欲求のYタイプ

　マグレガーはXタイプによる作業管理ではその人間性が理解できていないと考え，高次元の欲求を持つYタイプの人間を加え，二元的に捉えた。Yタイプの人間は高次元の欲求を持っている人びととの人間観を前提にし，人間は業務の目標を明確に受容させるならば，企業と個人との目標を統合化するので，強制的な管理や統制がなくとも，企業目的の実現化が可能となるとの見解を明らかにした。つまり，Yタイプの考え方は，企業の目標達成のために努力することは同時に社員自身の目標の達成になるという人間観に基づいている。

(3) ビジネスで期待されるYタイプ

　マズローの高次の尊敬の欲求や自己実現欲求を統合化させ，低次元の欲求が満たされ，高次の欲求を持ったYタイプの社員は自己実現欲求を求めることになるとした。「自己の価値観や人生目標に基づいて，最も興味や関心のもてる仕事に全力を傾倒できる職場を求めている」[12]。Yタイプを積極的に活用し，管理者と社員が職務要件や目標設定，管理方法，さらに業績評定を一体的に行えば，効果的なマネジメントが可能となるとした。つまり，Yタイプは自主的な目標を設定し，自分自身で業績評価するという「統合と自己統制による管理」[13]を主張した。

　Yタイプはお客からの要求に対し，社員が柔軟に意思決定できるような権限移譲がなされることが下意上達(ボトム・アップ)となる。ヒト対ヒトとの食ビジネスでは同時性，異質性，瞬間性という特性に基づく接客をせねばならない。おもてなしの特性から生じるさまざまな問題に対し，マニュアルによって決められた手順だけで，それらすべての業務を適切に処理できることは少ない。

(4) Yタイプのおもてなしに権限の移譲
1) 真実の瞬間のおもてなし

　1980年代にスカンジナビア航空の経営再建に取り組んだ社長兼CEOだった

カールソン（Jan Carlzon）は「闘牛士が闘牛のとどめを刺す瞬間」（15秒間）と同じようにお客と接する15秒は企業の勝敗を分けるとしてそれを「真実の瞬間」（moment of truth）[14]と称した。この15秒を最大限に生かすため，現場スタッフを適正に訓練し，意思決定に必要な情報が得られるような環境を整備し，お客一人ひとりのさまざまな要望・問い合わせに対して迅速かつ適切な対応ができるように責任と権限を委譲したのであった。まさに上司に指示をいちいち伺いをたてずに，現場のスタッフが問題に対し，独自に瞬時に判断してお客の要望に応えるには，適切な意思決定ができる権限を委譲することが必要となる。つまり，自主的に判断できるエンパワーメント（empowerment）が接客スタッフに与えられるならば，マニュアルにはないお客からの要望に対処できる。

2）Yタイプに権限の移譲を

最前線の現場で働くYタイプの接客スタッフにはお客が第一印象として感じるそれを最大限に活かし，即断できるように責任と権限の移譲がなされていなければならない。とくに，業務に対する責任と権限が明確に与えられていれば，接客スタッフは最前線の現場でお客への対応が適確にでき，そのため，率先して自律的に働こうとするYタイプへと変身が可能となる。Yタイプは，指示待ちではなく，下から上へ下意上達（ボトム・アップ）という「逆ピラミッド組織」が選好され，これにより積極的におもてなしが提供できる。一般的に食ビジネスでは上意下達のピラミッド型組織よりも，むしろ下意上達による逆ピラミッド型組織が効果を発揮するといえる。

6. 社員の教育・訓練・研修における形式知化

人間が「他の資源と異なって学習能力を持ち，その能力や意欲の発揮次第によって経営成果が大きく左右される[15]」ことがある。人間の学習能力を活用し，端的に教育・訓練・研修を行い，盲点や未知の窓を克服・再発見していくことが大切である。その基本として，人間の能力を開発するにはKASという要因

表 2-3 Off-JT 方式の形態

名　称	概　要
講座方式	講師が受講者に直接話しかける方法。しかし，受講者には具体的な対応について理解しがたい場合もある。
討議・会議方式	小集団編成で双方向的な教育訓練，講師は学習の結果に対し，フィードバックすることで理解度が高まる。
討議法の一種である事例方式	事例（case method）を集団で討議し，問題点を討議し合い，引き出し，原因を分析して解決策を導き出す。
事例法の一種であるインシデント・プロセス（incident process）	事例提供者の象徴的な出来事をテーマとし，参加者は解決案を討議して事例の概念を明らかにし，原因と対策を考える。
役割演技法（role playing）	複数以上のヒトが疑似体験を通じて，ある事柄が実際に起こった際に適切な対応できるように学習する方法をいう。
討議法の一種である感受性訓練（sensitivity training）	参加者に自由に討議をさせることで，相手方の立場を理解する感受性を鍛える学習法である。

出典：小川英次他編『経営学の基礎知識』有斐閣，1984 年，242 頁より作成。

が関与する。KAS とは知識(knowledge)＋態度(attitude)＋スキル(skill)である。また同様に 3H，いわゆる頭(head)＋心(heart)＋手(hands)が三位一体でかかわって能力開発を可能にする。おもてなしを重視する食ビジネスは本質的に「心を働かせる頭脳労働」である。社員(接客スタッフ)は KAS，3H の「スキル・手」だけでなく，「知識」「態度」や「心」「頭」を開花することが基本となる。表 2-3 のように社員(接客スタッフ)の教育・訓練には，自己啓発(self development：SD)をはじめ，職場において職務を通じて行われる職場内訓練 OJT (on the job training)以外に，さらに職場を離れて通常の職務とは独立した方式で行われる職場外訓練 Off-JT (off the job training)がある。

(1) 自己啓発

自己啓発(SD)とは自己をより高い段階へ進化・深化させることである。人

間はより高い能力，より大きい成功，より充実した生き方，より高い人格などの獲得を目指す欲求がある。基本的に社員個人が自分の判断と努力で，自らの能力を向上させることである。企業は，社員の自己啓発を活発化させるには，さまざまな支援策，たとえば，自主参加型社外研修の機会を設ける，図書の購入，講師の紹介，自主研修会の開催などの支援策を行う必要がある。

(2) OJT 方式

　OJT は社員に職場内で実際の職務に従事しながら，管理者の指示のもとに，社員の教育・訓練をすることである。一般に，職場内教育は現場の直属の上司によってなされる。職場内教育は集合教育と考えられるが，毎日の積み重ねられた教育・訓練である。上司，先輩や同僚との日々のかかわりを通じて，業務のことや対人関係などを直接的に学習する。それは現場でまさにマン・ツー・マン(man to man)のトレーニングとなる。トレーナーの指導としてプレーヤーが身体でスキルを学習するロール・プレーイング(role playing)がある。ロール・プレーイングの実施は，トレーナーが作業の基本を指示し，それに基づき役割演技を実演しながらスキルを習得する。航空機の客室乗務員のトレーニングでは，モック・アップ(mock up)，ドア・トレーナー(door trainer)，編成外慣熟訓練などを重ね，基本・基礎から応用までの専門スキルをマニュアル化に基づき形式知化させることになる。

　企業ではよく経験した上司が，他者である部下に教える際，自己開示する方法で教育する。他方で，知らない部下との対話や行動から無意識の内に部下から刺激を受けて，逆に知っているはずの上司自身が部下に教えられることがある。相互のコミュニケーションが深まると，教える側も教わる側も共に学び，共創関係という双方のフィードバックが起こる。まさに，"Teaching is learning" は逆に "learning is Teaching" という現象が起こる。

(3) Off-JT 方式

　Off-JT は職場の実際の業務を離れて職場の外で行われる教育訓練である。表 2-3 のように Off-JT は多様にあるが，基本的に自己啓発や OJT を補完する教育訓練である。最終的には，実際の業務に落とし込んで，適切な業務遂行がなされなければ，意味がない。人材教育は本来，OJT が基本であるが，しかし，日常の業務を離れた Off-JT では，OJT に比べて組織的・計画的・体系的に学習でき，企業内では学習できない最新の技術や情報を得るのにも適している。

注
(1) 山上徹『ホスピタリティ精神の深化』法律文化社，2008 年，3～6 頁参照。
(2) 同上書，4 頁参照。
(3) 全国料理業生活衛生同業組合連合会和宴文化研究会編著『おもてなし学入門』ダイヤモンド社，2007 年，2 頁参照。
(4) 藤本義一『よみがえる商人道』日刊工業新聞社，1998 年，44 頁参照。
(5) 川喜多喬『人材育成論入門』法政大学出版局，2004 年，6 頁参照。
(6) 杉原淳子・金子順一・森重喜三雄編著『新ホテル運営戦略論』嵯峨野書院，2009 年，143 頁参照。
(7) McGregor, D., *The Human Side of Enterprise*, McGraw-Hill, 1960.（高橋達男訳『企業の人間的側面』産業能率大学出版部，1970 年。）
(8) Goble, F. G., *The Third Force: The Psychology of Abraham Maslow*, Grossman Publishers, 1970.（小口忠彦監訳『マズローの心理学』産業能率大学出版部，1972 年，276 ページ。）
(9) 小林末男『企業内コミュニケーション』東洋経済新報社，1972 年，163 頁。
(10) Hochschild, A., *The Managed Heart*, University of California press, 1983.（石川進訳『管理される心』世界思想社，2001 年，9 ページ。）
(11) 野中郁次郎・紺野登『知識創造企業』東洋経済新報社，2011 年，186 頁。
(12) 上田吉一『人間の完成　マズロー心理学研究』誠信書房，1988 年，273 頁。
(13) 松山一紀『組織行動とキャリアの心理学入門』大学教育出版，2009 年，35 頁。
(14) Carlzon, J., *Moments of Truth*, Harper & Row Publishers, 1987.（堤猶二訳『真実の瞬間』ダイヤモンド社，2007 年，3～6 ページ参照。）
(15) 一寸木俊昭『経営学』ミネルヴァ書房，1996 年，98 頁。
(16) 吉原敬典『ホスピタリティ・リーダーシップ』白桃書房，2005 年，97 頁。

第3章
現代人の食意識の変化とクレーム

1. 食習慣と共食の思想

(1) 現代食生活の一日三食化

　現代，先進国の大多数の人びとは毎日，朝・昼・夕と一日三食を原則とした生活パターンとなっている。しかし，数世紀前までは一日二食が一般的であった。たとえば，今日の朝食を「ブレックファスト」(breakfast)と称するのは，夕方から翌日の昼までの空腹の時間はファスト(fast：飢餓，断食)と称し，昼の正餐はそれを破る(break，中止する)ことであった。それは断食明けの最初の食事となる。フランス語の朝食，「デジュネ」(dejeuner)も同じ意味である[1]。

　日本では奈良時代から平安時代，鎌倉時代には一日二食であり，一日に三食を摂ることは非行と見なされていた。欧州では15世紀から16世紀にかけて一日三食の風習が庶民にも浸透したが，昼食が一日で最も重要な食事(dinner)となっていた。一方，日本でも一日三食を食するという風習が広まったのは，17世紀半ばの江戸時代の明暦(1655年頃)のことであった[2]。

(2) 「衣食住」と礼儀作法

　孔子の教え(原典は紀元前600年頃の中国春秋時代の宰相，管仲の言葉)には，「衣食足りて礼節を知る」とある。人は，物質的に不自由がなくなって，初めて礼儀に心を向ける余裕ができてくるという。しかし，現代人の多くは，衣食が充たされても，礼節・善悪をわきまえているといえるであろうか。日本では多く

の人びとは衣食が充たされ，暖衣飽食の時代といわれて久しい。しかし，残念ながら，食を十分に充たされても，心の余裕が伴わず，今なお「衣食足りても礼節を知らず」の人びとが多いことは残念である。

(3) 日本の共食の思想

　人間の食事は個人だけで食べるものではなく，日本人ばかりでなく，世界中の民族は食を共にする集団，基本的には家族を単位としている。共食の思想は，獲物の獲得⇒食の公平な分配⇒食事作法の発生⇒コミュニケーションの誕生⇒食事の価値観を高める振舞い⇒食文化の形成という共同生活の流れに基づき日本の和食の食文化も形成されてきたといえよう。[3]日本の祭には神に供物を捧げ(神饌)，人びとは神と共に食べ分かち合う直会(神人共食・共飲)の習慣がある。また，茶の湯では，濃茶では客一同が一碗の茶を飲み回し(連服)，さらに，懐石料理でも，客一同が各料理を器ごとに取り回すという共食・共飲が原則になっている。世界中の民族・宗教においても共食という行為が一般的であるといえよう。

2．日本の食料自給率とその脆弱性

(1) 供給熱量ベースと生産額ベースとの違い

　現代の日本人は飽食の時代を謳歌しており，日本の食料事情は外国依存度が高いにもかかわらず，日本人の多くは危機意識に乏しいといえる。日本の食料の安全確保を考えるにあたり，食料自給率の向上がある。食料自給率とは，コメを例にすれば，国内で流通しているコメに占める国産米の比率，つまり，総供給に占める国産の比率を表す。食料自給率は日本人が食べている食料の内，国産でどの程度がまかなわれているかを指標化したものである。

　日本の食料自給率は，表3-1のように供給熱量ベース(カロリー)および生産額ベースに基づく総合食料自給率と品目別自給率で表される。農林水産省の食

表 3-1　食料自給率の計算方法

①供給熱量（カロリー）ベース総合食料自給率	日本に供給されている食料のカロリーの内，国産でまかなわれているカロリー $\dfrac{国民一人一日あたり国産供給熱量（kcal）}{国民一人一日あたり総供給熱量（kcal）} \times 100$
②生産額ベース総合食料自給率	食料の経済的価値，国産食料の国内シェアをみる指標 $\dfrac{国内生産額（円）}{国内消費仕向額（円）} \times 100$
③品目別自給率重量ベース	各品目毎の自給の度合いを量・重さにて把握できる $\dfrac{国内生産量（t）}{国内消費仕向量（t）} \times 100$

出典：末松広行『食料自給率のなぜ』扶桑社，2008年，17頁参照。

料自給率に基づけば，1965（昭和40）年，供給熱量ベース（カロリー）で73％であったが，2011（平成23）年現在，供給熱量ベース（カロリー）で39％までに低下し，また，生産額ベースでは69％となっている。1960年代の食料自給率は70％を超えていたのに，なぜ供給熱量ベース（カロリー）の数字が低くなったのか。その理由は，輸入飼料で飼育された畜産物が自給率に反映されているからである。飼料の内，4分3が輸入飼料であって，国産としての肉類の消費の内，自給率に算入されているのは4分の1だけである。カロリーの低い野菜や果物は品目別に自給率が高くとも，自給率全体に占める比率は低くなる。[4]

(2) 輸入依存の食料の脆弱性

　生産額ベースの自給率は国の農業の経済力を表し，付加価値の高い作物を国内で生産すれば，自給率は高くなる。このように自給率自体は基準値が異なれば，その数値が異なることを理解するべきであろう。

　日本の食料自給率は先進国のなかでも最低水準である。日本の自給率の低下には，自給可能な米の消費自体が減少し，国内生産が困難な飼料穀物であるとうもろこしなどの輸入飼料で飼育された畜産物や油脂類の消費量が増加したこ

とにある。このように食料自給率が低いため，現在，日本人の所得は高いが，自前で食物を生産しておらず，食料事情の脆弱さを日本は持っているということになる。今後，世界人口がますます増加することを考えると，乏しい日本の食料自給率から日本はより高い価格で食料を輸入せざるを得なくなる可能性が高い。現在，日本人は豊かな食生活を謳歌しているとはいえ，いつ崩れ去るかという危険性をはらんでいることを認識せねばならない。

3．食習慣の変化と「こ」食の時代

(1) 食習慣の変化

日本人の食生活は，長年，正座して膳に向かう形式を守ってきた。近年，台所のテーブルへと移ったことで正座の足が自由になったのと同様に食卓の規範も緩んでしまっている。食卓のお膳からの解放によるテーブルを食卓とし，椅子に腰掛け，さらに，そのテーブル・椅子からも離れた。たとえば，街での立ち食い，歩きながら食べ，さらに，路上に腰掛けて飲み・食いをするような情景は日常化してしまった。日本の家庭内においても「一家水入らず」の共食を楽しむことも少なくなった。現代日本人の食事の形態は近年，表3-2のように，

表3-2　食生活の「こ」食の時代

① 個食	家族でそれぞれが別々な食
② 孤食	淋しく1人だけでする食
③ 子食	子供たちだけの食
④ 固食	好きなものやいつも同じものの食
⑤ 粉食	パンや麺類の粉製品ばかりの食
⑥ 濃食	味付けの濃いものばかりの食
⑦ 小(少)食	ダイエットのために量が少ない食
⑧ 戸食	家庭内では食事をしないで，戸外での食

出典：服部幸慶『増補版　食育のすすめ』マガジンハウス，2013年，5頁より作成。

①個食，②孤食，③子食などの「こ」食の時代に変貌している。とくに，食事の中身においても，日本人家庭の朝食の定番は本来，ご飯と味噌汁であった。しかし近年，トーストとコーヒーが一般化している。そのため，ご飯に味噌汁という日本の伝統的な食事が非日常体験となる人びとが多くなり，反面，そのような食事が希少価値を高めている。

　日本人の現代家庭生活では，家族一人ひとりが異なる時間にバラバラに食事をすることが一般的になっている。そのため，厳格な食事作法などは軽視されるような状況である。また，家族全員による団らんの場や時間が少なくなり，食事中における会話がない生活状態が一般化している。それゆえ，人間性・社会性から考えると，現代日本人の食生活には多くの問題が含まれており，とくに，食育の必要性が強く感じられる。

(2) 食生活の「こ」食時代こそ共食による食育を

　現代日本では年中行事・祭などを通じた地域コミュニティーも希薄化し，また核家族化が進み，代々親から伝承されるという直接，教わるべき家族のしつけの機会がなく，食育自体が崩壊している。しかも，現代生活が洋風化し，また，食事の外食・中食をする機会が多くなり，さらに表3-2のように8つの「こ」食の時代となっている。子どもらの和食離れも進行し，わが家の味，おふくろの味を家族と共食し合う機会が非常に少なくなっている。

4. 現代人に対する食育の必要性

(1) 食育

　日本人は近年，モノの豊かさを謳歌し，反面，食生活は変化し，食事の作法などを度外視する傾向がある。しかし，健全な人間を育てるには，食に関する知識と食を選択する力を習得し，健全な食生活を実践できる作法などが強く求められている。食育の機会は家庭，地域社会，学校，さらに，情報社会に区分

できる。人間の食べ物の好みは，文字に依存しない乳幼児からの学習の結果であって特定の食環境のなかで時間をかけて育成されたものである。

したがって，次世代を担う若者らには食に関する信頼できる情報に基づき適切な判断力を培う食育が必要不可欠である。食育という言葉は石塚左玄『化学的食養長寿論』(俗称：食物養生法，1896(明治29)年刊行)において「体育智育才育は即ち食育なり」[5]に由来する。それは良い食べ物を食さないと良い人間になれないという視点からであった。つまり，食育は子どもに食べさせる食品の影響を考え，子どもの心身を培うという意味で使用された。

(2) 食育基本法

食育基本法(法律第63号，2005(平成17)年7月施行)では生きるための基本的な知識であり，知識の教育，道徳教育，体育教育の基礎となるべきものと位置づけている。日本人は食せること，食することに理由を知り，食し方を楽しむことが大切である。それは単なる料理教育ではなく，食に関する心構えや栄養学，伝統的な食文化，第一次産業から食ができるまでについて学習するという総合教育である。たとえば，現代人の食生活は栄養の偏り，不規則な食事，肥満や生活習慣病の増加，過度の痩身志向などの問題に加え，食の安全性，食の海外依存性など多種多様な諸問題が露呈しており，自ら食のあり方を習得しておくことが求められている。

食育基本法は食にかかわる人間形成や豊かな人間形成(知育・徳育・体育の基礎)を理念としている。この活動は国，地方公共団体および国民の食育の推進に関する総合的，かつ計画的な取り組みでなければならない。それは現在および将来にわたっても引継がれ，健康で文化的な国民の生活と豊かで活力ある社会の実現に寄与させねばならない。このように食べる姿勢を正すことを意味する食育は，人びとの一生の全過程で，つまり，乳幼児から高齢者までの必修の課題であるといえよう。

(3) 食育の主体とは

　食育は人類が誕生して以来，家庭・地域社会が主体的に伝承してきた長い歴史がある。食育自体は，乳幼児からの徹底した教育指導が必要である。子どもは誕生した当初から乳を飲み始めるが，すでにその時から文字によらない食育が始まっている。しかし，現代日本では，年中行事・祭などを通じた地域コミュニティーも希薄化し，また，核家族化が進み，代々親から伝承されるという直接，教わるべき家庭のしつけの機会がなく，食育自体が崩壊している。

　たしかに，現代の健康の基本は食育にあると考える。食育する主体は多様に存在する。現代社会では，マス・メディア，コンピュータなどの情報社会が浸透し，その影響力が大きいため，家庭のしつけをはじめ，各主体の食育は影をひそめている。そのため，各家庭では学校教育における食育に過大に依存しがちである。しかし，本質的に，家庭における子どもの食育が起点であることは否定できない。人間生活における食育は日頃からの家庭のしつけが基本である。その学習があってはじめて，学校教育などにおける指導が生きてくる。

　子どもの食育は，国，地方自治体，さらに，学校教育といった主体，とくに，学校依存型だけでは完全に浸透させることはできないと考える。乳幼児からの食育は，まず親・家族が主軸となり，日頃から毎日繰り返し，しつけを徹底するべきものである。そのような充実した家庭環境ができていれば，日本文化から育まれた食文化の素晴らしさ・価値を学校教育でも指導されると，比較的容易に習得できよう。食育は一方的な学校教育まかせではなく，各家庭が基軸となり，適確なしつけの指導がなされるべきである。そのような素地・ベースがあれば，日本人として豊かな人間形成となる食育の理念は国民に広く浸透させることが可能になるであろう[6]。

　日本国内で和食は，第10章に述べるように保護・伝承が求められており，危機的状況となっている。「和食」が無形文化遺産に登録されたことを契機に，外国に対し，日本の食文化への理解を広めると同時に，日本人自身が日本食文化を次世代に向けて守り伝えねばならない。とくに，子どもらの食育は学校教

育まかせにせず，家族間の団らんの機会を増やし，日頃から家庭内にて共食し合い，しつけなどを通じて，和食が健康に良いことを理解させ，和食を保護・継承する大切さを習得させるべきであろう。

5．食の外部化

　日本人の食生活は一般に世帯を単位として営まれている。日本人にとって，従来，外で食事をすることは非日常的なハレの行事と考えられていた。しかし，昨今の日本人にとっては，ライフ・スタイルが変貌し，家庭内で料理する食事は減少し，外食への依存率が高まっている。また，外食と同様に調理するヒトも場所も家庭外である調理食品も多く，外食と調理食品とを合わせて「食の外部化」と称している。

　では，食の外部化とはどのようなことをいうか。人びとの食事の仕方がどこで調理(調理主体)し，どこの場所(消費の場所)で食するかにより，次のように3つの形態に分けられる。

(1)　内食(home meal)

　内食(ないしょく，うちしょく)は，内証で食事をすることではなく，川下ビジネスのスーパーなどで食材を購入し，家庭でそれらを調理し，家庭で食べる家庭内食・家計内食にて食事をすることである。外食の対語で，家庭で素材から調理したものを食べることである。しかし，主婦が家庭で作った弁当を，その夫が正午に会社内で食する場合や，主婦が隣家の台所で調理した料理を持ち帰り，自宅で家族と食べるケースも内食に含まれよう。

(2)　中食(take out)

　中食(なかしょく)は，間食ではなく，川中ビジネスである食品製造業が調理した食品を川下ビジネスのコンビニなどで購入し，自宅などで食べるテイク・

アウトの食事をいう。それは内食と外食の中間的な形態であり，持ち帰り弁当，出前，でき合いの食品などを利用する場合をいう。中食を提供する食ビジネスとは，惣菜製造業，仕出し弁当製造業，小売店(コンビニ等)で販売する弁当・惣菜製造業，ピザ宅配業，持帰り弁当店，持帰り寿司店などがある。また，中食には弁当・惣菜を購入者に届けるという「宅配(デリバリー)」を含み，さらに，宅配(デリバリー)は「通販」にも含まれる。

(3) 外食(eat out)

　外食は，川中ビジネスなどが加工したものを含め，川下ビジネスにて調理したものを自宅外で食べる食事をいう。調理と食事は原則として外部の料理人が行っている。人びとはファスト・フード，ファミリー・レストラン，さらに高級レストランなどにおいてイート・イン(eat in)にて食事する形態となる。

　日本の都市の川下の食ビジネスの外食化は，一般に寿司屋，天ぷら屋をはじめ，しゃぶしゃぶ，すき焼き，うなぎ，そばやうどんなどの麺類というように，それぞれ専門の店舗が営業している。外食産業ではファミリー・レストランのチェーン店で通常，和食・洋食・中華と多様な商品を扱っている。またラーメン店は，中華風の麺と醤油・味噌・塩などで風味をつけたつゆに，チャーシュー，モヤシ，ニラなどさまざまな野菜類を加え，多様な種類がある。一方，焼肉店は韓国風バーベキューをベースにしたもので，お客はテーブルにしつらえた炭火またはガスの上で，一口サイズの牛肉，豚肉などや野菜を焼いて食べる。この外に日本では，フランス料理・イタリア料理・インド料理・中華料理・韓国料理・エスニック料理などの外食産業の多様な形態の店舗が立地し，世界中の料理を楽しむこともできる。

6. 現代人の価値観とクレーム

(1) 現代人の自己中心主義と不満

　現代ビジネスでは，市場動向は不透明であり，食ビジネスでは消費者のニーズを適確に把握せねばならない。近年，日本は成熟社会，格差社会，さらにその他の理由等により，老若男女を問わず，誰もが苦情やクレーム(claim)をいう立場にもなるし，逆に受ける立場になるケースも起きている。たとえば，食ビジネスでは，お客が外食慣れし，外食の知識も経験も豊富なヒトが「このような当たり前のこともできない！」と店側に対し，強い口調で苦情や批判を浴びさせる。たしかに，お客も多種多様であり，「店内でタバコを吸いたいヒト」「タバコの煙を嫌うヒト」，また，店内で子どもが騒ぐのを「許せない」というヒト，「仕方ない」と思うヒトなどがさまざまに混じっている。しかし，一般的に現代のお客自身は自分流の価値観を押し通すことが多い。自己中心的で他のヒトに対し，自分流のやり方以外を認めない人びとも増加している。(7)多くの場合，お客の要望・期待，怒りや苛立ちなどのクレームの問題はそのヒトの価値観から「上から目線」となる場合が多く，他のヒトからの指摘を受けると，異常な反応をし，不快感や反発を表し，トラブルへとも発展することになる。

(2) クレームの対処

　クレームは，一般的に「要求」やその要求の正当性，さらに，お客が権利などを主張することである。お客の不満は，商品やサービスに対し，クレームをいう人びとが多くなっている。おもてなしの悪さによるクレームは商品自体の欠陥に対するクレームの処理・対応よりも，一般的に，その対応策の場合は非常に難解である。単なる苦情処理をするという事務的な対応ではなく，「苦情は，提供するサービスへのお客の改善提案」「クレームは宝の山」(8)とプラス思考で前向きに受け止めることが大切である。

　食ビジネスでは，クレームを自社の批判と捉えるよりも，むしろ謙虚にお客

表 3-3　クレーム対応の五原則

誠　意	お客の苦情はお客の目線で誠意を持って最後まで静かに聴く
言い訳	お客のメンツを潰すような発言，言い訳を絶対にしない
謝　る	常にお客に謙虚に接し，言い訳や弁解はいわず素直にお詫びを伝える
責　任	責任を他の会社や他のヒトに転嫁しない
了　承	必ず上司に報告し，お客の要求を自分だけで了承しない

出典：郭森豪『現代サービス・マネジメント』同文館，2011年，34頁より作成。

のニーズが開示されたものと捉えるべきであろう。クレームとはお客の不満の声を受け付け，単に処理するという姿勢ではなく，お客の声を引き出し，需要を創造する機会とするべきである。クレームはお客の貴重な意見であり，まさに「ピンチはビジネス・チャンス」へとなる機会でもある。その場合，クレームの現場はナマのヒト対ヒトの感情がむき出しになり，その対応はまさに真剣勝負の対応でなければならない。それゆえ，食ビジネスの社員・スタッフは，表3-3のようにクレーム対応の五原則を常に留意し，お客の目線は，Lose-Winの関係というよりも，むしろシコリが残らないようにお客の目線で聴き，誠心誠意，前向きに対処することを心がけるべきであろう。

7．現代人の「上から目線」とモンスター・クレーマー

(1)　「上から目線」のモンスター・クレーマー

　近年，接客においては買い手であるお客の所作にも問題性が多く感じられる。たとえば，売り手が「ありがとうございます」という言葉を交わしても，無言・無表情である。さらに，売り手の過剰に丁重と想われる立ち居振舞いでも，何の反応も示さず，無愛想で表情のない客が多い。誠意が込められた売り手の応対を完全に無視し，お客へのおもてなし自体が一方向的な行為で終わっている場合が多い。

　一方，現代ビジネスにおいては，悪質なクレームを常習的に行っている非常

識な人びとなどが横行している。それには，社会全体のマナーや常識の低下・欠如もあり，今日，現代ビジネスでは自己中心的な考え方に基づくクレームが蔓延している。食事をはじめ，家事すべてを他人からやってもらう「上げ膳据え膳」のごとく売り手は下から目線でもてなし，お客を王様・神様扱いにして振舞ってきたツケではないであろうか。そのため，近年，お客は，われは「王様・神様」なりと完全に錯覚しはじめ，結果的に「上から目線」で理不尽な要求や文句をいうモンスター・クレーマーが横行するようになったともいえよう。

　モンスター・クレーマーという名称自体は，学校の教師などに対し，理不尽な「親のいちゃもん」であり，自分の子どもへの差別的行為，学校の給食費未払いなどの行動をとる保護者を「モンスター・ペアレント」と呼んだことに由来する。なお，学校以外の分野におけるモンスター・クレーマーは，病院では「モンスター・ペイシェント」（患者）がおり，行政では「モンスター・タウンピープル」（市民）などと称され，多様な分野で出現している。最近，モンスター大学生も多くないであろうか。その場合，自分の都合の悪いことは目に入らず，専ら自分の都合の良いように解釈し，自分を少しでも有利にするように上から目線で，自分の正当性を一方的に強調することが多い。

(2) 土下座の下から目線

　土下座とは，土の上に直に座り，平伏して座礼を行うことをいう。それは相手に向かい正座した上で，手のひらを地に付け，額が地に付くまで伏せ，しばらくその姿勢を保つ。本来，目下の者がへりくだって崇敬すべき目上の者（殿様）に対して行う日本の礼式のひとつである。本質的には，深い謝罪や請願の意を表す行為である。したがって双方が同じ目線で土下座の礼をし合うものではなく，一方にのみ強いることになる。

　江戸時代，町人が武士に土下座をして謝ることで，大抵のことは許してもらえた。一方では，これを大変な恥辱的な行為とする考え方もあった。しかし，今日，逆に目上の者から目下の者に対してのパフォーマンスと化している場合

も多い。選挙の際の国会議員がマス・メディアの面前で簡単に土下座を繰り広げる。不祥事や大事故を起こした企業の経営者などがマス・メディアの追及や国民の批判の前に土下座に追い込まれる。土下座自体は，現在では謝罪というよりも，「なりふり構わぬ自己保身の便法」となっていないであろうか。しかしながら，階級制が廃止された現代でも，下から目線となる土下座を恥とする考え方が根強く日本人の心に残っていることは事実である。

(3) 接客スタッフとモンスター・クレーマー

　食ビジネスでは商品・サービスに対し，クレームをつけ，接客スタッフに土下座させ，その写真をツイッターに投稿した事例もある。土下座のように，相手に恥をかかせ，屈辱を味わせるために，接客スタッフに強要するケースが多い。商品やサービスに関してクレーム（苦情）をつける，いわゆる「クレーマー」のうち，身勝手かつ理不尽な言い分で不当な要求をする悪質なクレーマーが増えている。買った商品・サービスに対し，昔は謝罪で済むことが多く，「金返せ」というのは非常識と考えられていた。しかし，最近では，「金返せ」という要求が普通の人たちの感覚となってしまっている。「顧客至上主義」や「お客様は神様」というお客の「上から目線」が一般化してしまっている。しかしながら，近年，クレーマーに関する難題は，商品の不具合，サービスなどの不満足さにあるという点では類似している。そこから非難の矛先を転じて，「我こそは正義」であると，企業の社会的責任などを声高に批判するクレーマーが多い。モンスター・クレーマーが日本で多くなった背景には，「急速に進む，いわゆる『格差社会』が苦情増大を後押ししている[9]」との見方がある。たしかに，モンスター・クレーマーの増大と格差社会というヒズミとは無関係なことではないであろう。しかし，売り手は儲けを至上主義としているために，専ら「下から目線」で買い手を「王様・神様」扱いにしていることが原因で，日頃からコンプレックスやストレスなどが充満している現代人の買い手は「王様・神様」扱いを良いことに，この時とばかり，「上から目線」で理不尽な要求を

するモンスター・クレーマーへと変わるのではなかろうか。

注
(1) 北岡正三郎『物語 食の文化』中公新書，2011 年，248 頁参照。
(2) 同上書，248 頁参照。
(3) 岡田哲『食の文化を知る事典』東京堂出版，2011 年，29 頁参照。
(4) 八田達夫・高田眞『日本の農林水産業』日本経済新聞出版社，2010 年，35～36 頁参照。
(5) ウィキペディア「石塚左玄」ja.wikipedia.org/wiki/（最終アクセス：2014 年 12 月 27 日）
(6) 山上徹『食文化とおもてなし』学文社，2012 年
(7) 得丸美津枝『飲食店のクレーム & トラブル接客対応術』旭屋出版，2009 年，14～20 頁参照。
(8) 小谷重徳編『「現場発」サービス業の経営革新』日科技連出版社，2010 年，70 頁。
(9) 関根眞一『となりのクレーマー』中央公論社，2013 年，151 頁。

第4章

おもてなしの食ビジネス

1. ビジネスの継続性とマネジメント・サイクル

(1) ビジネスの継続性

　本書におけるビジネス(business)とは，営利・非営利(NPO)を含め，いかなる組織形態をも問わず，多様なステークホルダー(stakeholder：利害共有者)とも同じ Win-Win の目線となり，その事業目的(経営理念)を実現するための継続的な諸活動の総称と考える。ビジネスでは，一般的に顧客(customer)，同業他社のライバル社(competitor)，自社(company)，自社との協力者(co-operator)などの4Cからなるステークホルダーが複雑に介在している。しかし，ビジネスの組織目的は本来，お客をあざむいて商品やサービスを売りつけて利益の極大化を果たすことではなく，むしろお客やステークホルダーの満足をはじめ，社会貢献(social contribution：SC)などを果たすものである。食ビジネスとは基本的に，食を媒体としながらも，ヒト(社員等)対モノ・コト・ヒト(お客等)とが深くかかわり合って価値を創造する営みである。とりわけ，ヒト対モノ・コト・ヒトに対する価値創造のプロセスは単に一回限りではなく，継続的な事業(going concern)活動が前提となる。[1]

(2) 経営理念とマネジメント・サイクル

　経営理念(business philosophy)とは組織が何のために存在するのか，または経営活動の望ましいあり方という「目的・信念・信条・理想」を包括的に表現

表 4-1　ビジネスの経営資源

	資本	経営資源
モノ	物的資本	有形な土地，施設，機械設備
カネ	財務資本	金融資産，資本金，有価証券
コト	組織的資本	取引システム，情報システム，組織形態，事業の伝統（のれん），無形な技術力や特許，法的な権益，企業文化（おもてなし）
ヒト	人的資本	社員・接客スタッフ，取引先・ステークホルダー

したものである。それは「企業経営について，経営者ないし会社あるいは経済団体が公表した信念である。[(2)]」経営理念はビジネス活動を通じ，追求する理想や指針である。一般的にビジネス経営では，社会貢献，お客の満足（customer satisfaction：CS），社員満足（employee satisfaction：ES）の三者にかかわる理念が多い。経営者は経営理念を外部へ発信し，かつ，社内の社員に対する行動姿勢，行動指針として共有化する。

　ビジネスの資源は，一般に事業を動かすヒト（men），施設・設備などのモノ（materials），それらを円滑にするカネ（money）という3M（ヒト・モノ・カネ）とする場合が多い。しかし，表4-1のようにコトを含め，経営資源をマネジメント（management）することが，必要となる。マネジメントとは，経営理念（組織目標）を最大に発揮できるように継続的，計画的に動かす方法といえる。マネジメントとは，広範な領域に属する経営者，社員（スタッフ）というフォーマルな組織目的を達成するためにPlan-Do-Check-Actのサイクル活動である。マネジメント・サイクルは計画（plan），実行（do），評価（check），改善（act）である。食ビジネスのマネジメントは経営理念（組織目標）の実現に向けて継続的にマネジメント・サイクルを繰り返しながら成長・発展させる方法といえる。

2. ビジネスの業態と食ビジネスの範域

(1) ビジネスの業態と統合化

　産業構造上，現代ビジネスの区分では何を販売しているかという業種(kind of business)区分を持ってタテ割的に単純に考えられない。むしろ営業・販売形態を基準とした業態(types of operation)区分が有効であり，産業間のヨコ割・横断的な Win-Win の同じ目線の関係が選好されている。しかし，たとえ各産業の主体が変わろうとも，その役割・機能は誰かが担っていることはたしかである。それゆえ，食ビジネスを考える場合，産業構造からの産業区分は決して無駄ではない。たとえば，「料理を作って売る」という第三次産業の外食(飲食)で，その取扱い商品が同じカレーの場合でも，多様な店舗にて類似のカレーが販売されている。またカレーに特化した専門レストランでは味覚の異なる多様なカレーが販売されている。一方，食堂などの一般の店舗にも同じようにカレーが販売されている。それぞれ違いはどのような営業形態で行っているかという業態区分が有効になる。また，農林水産業は，産業分類上は第一次産業に分類されている。しかし近年，第一次産業から第二次産業の食品加工，さらに，第三次産業の流通販売をも統括するサプライ・チェーン(supply chain)による統合化した Win-Win あるいは Lose-Win の経営形態が増加している。Lose-Win の形態では各産業区分の垣根を越えた統合化は，第二次産業のメーカー主導型，第三次産業の小売商主導(スーパー)，卸売商主導ばかりでなくなった。というのも，もはや第一次産業の農林水産業主導で加工，流通，販売をもサプライ・チェーン化し，第六次産業と称する統合化が実現化してきている。しかしながら，これらの産業の垣根を越えた統合化はビジネスの主導的な主体が変わったとしても，その役割・機能は既存のものと類似しており，存続しているといえよう。

(2) 食ビジネスの範域の拡大化

　産業構造上，現代ビジネスの区分では業種区分を持ってタテ割的に単純には分類できない情況下にあるが，しかし，産業構造を理解する上で，役割・機能が明確化できるので，既存のタテ割の産業区分でも有効であると考える。表4-2のように従来からの産業分類で食ビジネスを区分すれば，3つに分類できる。

① 最狭義では，食材の付加価値を加工することで価値を追加する第二次産業を中心とした食品製造業 (food manufacturing business) に限定できる。

② 狭義では，農林水産の収穫以降から最適な消費がなされる段階のすべてのビジネス，つまり，第二次産業と第三次産業 (流通，製造・加工，販売) と限定できる。

③ 広義では，第一次産業の農林水産業の生産プロセスを含め，最終的に消費段階までの範域，つまり，「農場・漁場から食卓まで」のすべてのビジネス (廃棄プロセスをも含む) を包含した領域をいう。とりわけ，食にかかわる高質なおもてなしで有形・無形なる価値を提供している継続的な営利・非営利なビジネスが対象となる。

　現代日本の食ビジネスにおいては食材を供給する国内外の生産現場 (農場・漁場) をはじめ，輸出入，加工，流通，消費に至る間に多様で複雑な問題が発生している。本書では，現代日本の食ビジネスの範域は，「農場・漁場から食卓まで」を包含した広義の考え方から論述することにしたい。

表4-2　食ビジネスの範域

業種区分	第一次産業群	第二次産業群	第三次産業群	
対象	モノ	モノ	コト	ヒト
	農林水産物	加工	マーケティング	料理人・社員・接客スタッフ
ビジネス	農林水産業 アグリ・ビジネス	食品製造業 農水産加工業	卸売・小売，物流業 料理・飲食，外食（中食）	

第4章 おもてなしの食ビジネス　49

図4-1　広義の食ビジネスの川上・川中・川下への流れ

3. 食ビジネスのチェーン化とおもてなし志向

(1) フード・チェーンの特性

図4-1のように広義の食ビジネス活動は，川の流れにたとえれば，上流から中流を流れ，さらに，最終的に多数の消費者がひかえる大海原へと流れる。この食ビジネスでは，川上ビジネスの農場・漁場などを起点とし，原材料・食材が調達物流により工場へ搬入され，川中ビジネスの食品加工業者で加工生産され，卸売業者を経て，その食品が川下ビジネスではスーパーなどの小売業者・ファミリー・レストランなどの外食業者などで調理され，その後，最終消費者の口へ到達するという食材・食品の総合的なWin-Winとなる同じ目線の流れと区分できよう[4]。

フード・チェーンとは生態学の食物連鎖を意味するのではなく，川上の農林水産業者で生産された農林水産品が，川中の食品製造業者によって加工され，その食品が，川下のスーパーなど食品小売業者や外食業者のファミリー・レストランなどを経て最終消費者にわたる食材・食品のトータルな流れ，いわゆる「農場・漁場から食卓まで」を包括した連鎖を意味する。

(2) 食ビジネスのおもてなし志向

クラーク(Colin Clark)の定式化のように産業構造は経済発展に伴い，「ものづくり」を中心とする第一次の農林水産業，第二次の加工産業から，サービス，流通・販売活動を担う第三次産業への役割が増えてきた。産業構造は農林水産

業を中心とする第一次産業，製造・加工の第二次産業，流通・販売サービスの第三次産業に分類されている。一国の産業構造は経済発展と共に変化する。日本農業の国際競争力は極めて弱く，世界一の食料輸入大国となっている。とくに，農業は自然・風土・気候に大きく左右される。

　人間労働力を活用して植物・動物の生命力・成長力を図り，生産活動が行われる。第二次産業とは異なり，第一次産業は自然現象と一体となり，生産活動が行われる。しかし，日本経済の発展により，全就業者数に占める割合は，1970年代の石油危機以降，第一次産業，第二次産業から第三次産業へと移行し，第三次産業の就業者数の割合が7割以上を占める産業構造の高度化が進んでいる。この場合，経済発展は第一次⇒第二次⇒第三次産業へと定量的に増加したばかりでなく，農林水産業，製造業を含め食ビジネスにおいては，より定性的にも高質なサービスを配慮するおもてなし志向の社会構造へと変わってきている。[5]

　現代の消費者のニーズは価格志向型と高級志向型の二極化が起きているといえる。食ビジネスの経営にはコスト・パフォーマンス(cost performance：CP)からバリュー・パフォーマンス(value performance：VP)へと変化し，価格を超える価値創造が必要不可欠になっている。とくに，安全・安心で清潔さ(cleanliness)，料理の品質(quality)，おもてなし(hospitality)の差別化を選好する消費者が増えている。つまり，お客の目線で「安全・安心で清潔な状態を保とう」「おいしい料理を提供しよう」「最適なおもてなしをしよう」などが同業他社との競争において優位性を発揮している。

4．川上ビジネスから第六次産業化のおもてなし

(1)　第六次産業化への脱皮

　川上ビジネスの農林水産業は元来，自然と一体で生産活動が行われる第一次産業に属している。しかし，日本の農家の所得が低く，後継者不足も加速して

表 4-3　第六次産業化の目線と「おもてなし」の違い

主催	目線	おもてなしの概要
農業	同じ目線 Win-Win	農業者は「農工商」までを掛け算にて起業化を図る
農業	上から目線 Win-Lose	農業者は「農工商」までを足し算にて連携・融合を図る
メーカー 卸売商 小売商	上から目線 Win-Lose	農場・漁場から食卓までのすべてを統合化，全体最適化を行う。それを主催する側は上から目線で，常に農業者は下から目線となり，従来型の農業と変わらない

おり，第一次産業の再生の是非が提唱されて久しい。当初，第一次産業の川上ビジネスの活性化の切り札として素材自体の付加価値を高めるためにブランド化，いわゆる第 1.5 次産業化が提唱されていた。

　さらに，近年，農林水産業は，もはや原材料の素材を生産し，ブランド化するだけではなく，新たな転換策として第六次産業への脱皮が提唱されるようになった。「六」という数字の由来は，第一次 1 × 第二次 2 × 第三次 3 ＝ 6 という掛け算で第六次産業化へ移行する考え方である。第一次産業の素材提供ビジネスを起点とし，素材を加工する第二次産業の分野へ，加工製品の流通・販売サービスを行う第三次産業までが包括される。「三人寄れば文殊の知恵」ということわざのごとく，各産業の掛け算の組み合わせは相互の強みを活かして総合力が発揮でき，足し算以上の効果，つまり，全体的に相乗効果が創造できる。この場合，農林水産業者が主体となり，他の産業群を統括するというフード・チェーン化を意味とする。農林水産業者は素材のみの生産活動でなく，素材の付加価値を高め，最終の完成品を販売サービスまで網羅することになる。農業の第一次産業があって初めて第六次産業が成立するという考え方である。すなわち，第六次産業とは，味・風味・形・希少性・新鮮性などの質の高い素材を生産する第一次産業の分野から，それらを加工化し，さらに，流通・販売サービスを包含した「農工商連携」のフード・チェーン全体の付加価値の向上を意味している。その場合，農林水産品のブランド化，消費者への道の駅などでの

直接販売，レストラン・宿泊経営までの諸活動が含まれている。従来，農水産物の生産・販売では卸売市場に依存していたために，その価格は市場動向によって決定され，他力的で不安定なビジネスとなっていた。農林水産業者は産地直販所やカタログ・インターネット販売などにより，農水産物ダイレクト流通に主体的にかかわれば，自ら価格を決め，市場動向に合わせた出荷が可能となり，安定化が可能になる。[8]

(2) 食ビジネスの「農工商連携」で地方創生

「農工商連携」については農林水産省と経済産業省が共同でも推進している。しかし，この場合の第六次産業化の提唱は，大手の食品製造業や流通業者が単に「3Mのムダ・ムラ・ムリ」のダラリの法則を発揮するためだけであってはならない。つまり，その場合，農林水産業者が「1＋2＋3＝6」という足し算の効果だけとなる。それでは第一次産業の優位性が発揮できる構造改革とはならないであろう。しかも，第一次産業の農林水産業が衰退しては，加工の第二次，流通・販売の第三次産業の連携も成立しないだろう。相互に三位一体で三者が同じ目線の関係が構築されることを目指すべきである。第六次産業化では農林水産業を「まちおこし・村おこし」の核的な存在として捉えることが大切である。

戦後の経済成長政策等は，「国土の均衡ある発展」を掲げ，交通網などの開発に取り組んできた。それは先進的な大都市を真似るものではあった。しかし，無用な公共事業のばらまきが起こり，結果的に近年，財政難の一因となっている。しかし，2014(平成26)年9月，地方創生国会では，地方創生は都市自身の創意工夫が前提で，いかに若者を回帰させ，独自の個性ある資源を発見し，自らの都市のために最大限活用できるかが大切になるとする。地方では「まちおこし，村おこし」，さらに，農業の第六次産業化についても，単に成功例を真似る模倣ではなく，その場合，真似るべきことは何か。それはやる気・気概のヒトの存在ではなかろうか。単に，国から補助金を獲得するために，その仕方

(ソフト)を真似ているだけではビジネスを成功させることはできなく，むしろ地元のヒトのやる気が大切となるであろう。

(3) 川上ビジネスの調達物流と川中ビジネスの販売物流

　物流とは，輸送・配送を中心とし，包装，荷役，保管，在庫管理，流通加工，情報などの諸機能を体系化，システム化して捉える活動が含まれている。近年，物流コストの全体の削減や物流サービスの質の向上が求められている。

　川上ビジネスの調達物流(material supply system)は原材料の場所的・空間的移動が伴い，国内外の原料供給地から農林水産物の生産工程，川中ビジネスの食品製造業の工場まで，最適な時・場所・費用で届ける輸送行程をいう。

　一方，川中ビジネスの販売物流(physical distribution)は配送活動と称されている。生産場所(工場)から川下ビジネスの店頭あるいは顧客の戸口までを配送するプロセスをいう。

　フード・チェーンでは川上ビジネスの調達物流と工場からスーパーまでの川中ビジネスばかりではなく，厳密には川下ビジネスのスーパーから消費者の戸口までの配送活動も多くの場合，必要となる。

5. 川中ビジネスの食品製造業のおもてなし

(1) 食品製造業の不安定性

　川中ビジネスである食品製造業は人間の生存にかかわる食材・食品を供給し，国民の健康の増進や福祉の向上に寄与するビジネスである。他のビジネスと異なり，安全・安心が優先されねばならないビジネスである。とくに，食品は，消費者の生命と健康の維持・増進に深くかかわっており，安全・安心の確保が最大限に留意されねばならない。

　食品製造業の構造上の特徴としては，①二重構造，②需要の停滞，③原材料比率の高さ，④外食産業との関係，⑤家庭用比率の高さ，⑥地域密着性，⑦政

策介入の存在などが指摘されている(9)。

　食品製造業は，まず，大手企業と零細企業の存在，また，原料である農産物は豊凶の変動，季節性，地域性などに左右されるためにその供給が不安定である。しかし，消費需要は多種多様な上，製品が最適な時期，最適な量，最適な方法で供給されることを要求する。原材料の供給の不安定さは原材料の仕入価格，工場の操業度などに影響を及ぼす。さらに，食品にはそれぞれ賞味期限があり，流通する市場の範囲が自ずと限定される。

　従来から農産物価格は自由化が叫ばれており，国内産，海外産を含め，公的な介入が高く，政治政策に影響を受けやすいビジネス分野でもある。

(2) 食品製造業の二重構造

食品製造業者には，次のように大別できる(10)。

① 二次加工メーカーの原材料を供給している製粉・製油及び製糖など基礎素材部門がある。川上ビジネスの農林水産業に近く，この素材型ビジネスの出荷額が低迷している。食品の素材である農産物の海外依存度が高く，輸入している。

② 加工度の高い製品を供給しているパン・菓子，調味料，冷凍食品，乳製品など加工型部門がある。川下ビジネスに近い加工型ビジネスの出荷額が増加傾向にある。

③ 巨大な少数の企業と零細な無数の企業が併存しタテ割り的な従属関係，Win-lose という上から目線となる構造が存在する。一方，参入障壁が低く，競争は激しく，かつ大企業が多角的な商品を生産し，輸出額は全体的には停滞的である。

(3) 食品製造業の役割

　現代の食品製造業の果たすべき役割とは，次のような点になる(11)。

① 食品製造業は他の産業と異なり，原材料依存度が高く，国内農業と密接

第4章　おもてなしの食ビジネス

な関係があり，共存共栄の関係が必要である。
② 川中に位置する食品製造業は川上から川下にいたる食ビジネスであり，双方に適確な情報を提供し，両者を調整する Win-Win の関係になるような機能を果たせねばならない。
④ 国民の食生活や食文化の形成に果たす役割を有している。

6. おもてなしの食ビジネスの目線

(1) 食ビジネスの機械重視型の排除

　食ビジネスの範域は，「農場・漁場から食卓まで」を包含した広範囲の領域が対象になるとした。食材を供給する国内外の生産現場（農場・漁場）をはじめ，輸出入，加工，流通，消費に至る間に大量生産する農業の工場化も一部の生産活動で存在している。

　おもてなしの食ビジネスでは，人間性を排除し，手間ひまかけることなく，農場や工場において業務の多くの部門が，自動化，ロボット化による機械重視型になっている場合は対象領域から除外せねばならない。なぜならば，おもてなしの食ビジネスではヒト対ヒトのかかわりを重視する人間性重視型のビジネスに限定するものである。

　人間性重視型となる食ビジネスではお客・消費者に対し，倫理的・道徳上のエシカルな面を重視しつつ，多様なるステークホルダーへの共創関係が求められている。それゆえ，企業経営では倫理的・道徳的な経営理念・行動指針などをすべての社員，スタッフが共有しつつ，お客の目線とも矛盾することなく，事業を展開することが必要不可欠となる。とりわけ，世の中，成熟社会となり，現代のお客が食ビジネスから受ける価値に対し，「満足・感激・感動・感謝」[12]があるか否かである。一度，お客にベストな立ち居振舞いで感動を与えたならば，そこで終了するものではなく，固客（固定客，リピーター）に対し，次回は，さらに上質の「感動」を提供するために，食ビジネスには継続的に進化・深化

する努力が求められている。

7. 川下ビジネスの水商売のおもてなし

　中国の道教の創始者・老子の思想に「上善は水の如し」がある。水は万物を助け育てながらも決して自己主張をしない。つまり，世の中の流れに逆らうことなく，皆が嫌がる低き下流へと流れることの大切さを指摘した。
　では，このような水の特性に対し，食ビジネスと水商売という用語との関連性からおもてなしを考えてみよう。水商売・客商売とは元来，次のような諸説がある。[13]

(1) 水を扱う

　水商売とは，まず料亭・喫茶・バー・スナックなどという水そのものを扱い，水を商品として販売するという説である。その場合の水商売とは，基本的にお客から注文をとり，テーブルに料理・飲食物を並べて接客する。風俗商売としての水商売では，他の暴力団の恐喝行為を避けたり，表沙汰にしたくない場合もあり，また，ヤクザにトラブルの処理を依頼する「ケツ持ち」が行われている場合もある。

(2) 収入が不確定な状態

　「勝負は水物だ」とも称されるように水そのものは，流水のごとく，時の運次第で大きな儲けを獲得したり，逆に損失をこうむるなど，収入が不安定・不確定なビジネスに対して使われる。一般に，先の見通しが立ちにくく，世間の人気や嗜好に大きく依存し，収入が不確定な業種や職業およびそこに働くヒトのことをいう。たとえば，業種では飲食店，風俗店以外に，相撲や歌舞伎，演劇などの興行ものや人気商売なども収益が大きく左右され，お水とも称される。また，芸妓が「泥水稼業」といわれていたからという説，江戸時代，街路にあ

った「水茶屋」からという説もある。バブル期の 1980 年代頃から，上記とは別に浄水機器やミネラルウォーター (mineral water) など，単に水を扱うビジネスのことを水商売 (water business) と呼ぶようにもなり，別名を蛇口産業とも称されている。

(3) 水は上流から下流へ流れる

　水は本来，川上から川下へと流れる。つまり，上から目線でお客がお金を使い，下から目線で控えている商人（接客スタッフ）が水の流れごとく，恩恵に浴するという上下関係を意味する。上から目線のお客は「王様・神様」並みに扱い，もてなす側は下から目線となる Lose-Win の関係となる。

(4) 「水は方円の器に随う」

「方」とは四角のことで，「円」とは円形のことであるが，水という液体は四角い器でも円い器でも，どんな形の器でも適当におさまるという。転じて，十人十色のお客目線に合わせて，Win-Win の目線でそれぞれに最適な接客をすることが大切であることを意味する。しかし，いざという時に水は，岩石をも打ち砕くほどの強いエネルギーを内に秘めているが，しかし，相手に逆らわず，その時々の状況に順応して，自らの形を変えることができる。この説はお客に逆らわずに，愛想よく「客あしらい」をし，常にお客目線にて接客することをいう。つまり，水商売では，先回り，先読みした最適な気づきで持ってお客の欲求を適確に充足せねばならない。方円の器説がおもてなしの趣旨に相応する説であり，賓主互換や賓主歴然，いわゆる Win-Win（勝つ・勝つ）の相互関係を意味する。

8. 食ビジネスにおける Win-Win のおもてなし

　食ビジネスでは経営者と社員との企業内部の Win-Win の信頼関係のコミュ

ニケーションを図り，やる気のある社員を増やし，水商売における「方円の器」のごとく，対外部の十人十色のお客との Win-Win の信頼関係づくりを図り，食ビジネスの活性化を推進せねばならない。

　クレームを指摘したお客に対し，適切なる対応をし，その後，Win-Win の信頼関係が構築できれば，初回客の心をつかみ固定客化が可能になる場合が高くなる。とくに，お客への好みをも掌握し，お客に合った個別的な対応ができると，長期的な固定客となり，来店回数の頻度が高くなる。客数の増減とは，以下の式が成立する。

客数＝固定客×来店頻度＋口コミよる新規客数

　食ビジネスとは第一次産業の川上ビジネスから流通・販売の第三次産業の川下ビジネスまでの産業群が「方円の器」のごとく，Lose-Win ではなく，Win-Win の同じ目線で持って消費者の満足を最大化せねばならない。それゆえ，食ビジネスの全体が対等な Win-Win の関係で消費者志向を実現せねばならない。

注
(1) 山上徹編『ホスピタリティ・ビジネスの人材育成』白桃書房，2012 年，29 頁参照。
(2) 奥村惠一『現代企業を動かす経営理念』有斐閣，1994 年，195 頁参照。
(3) 山上徹『現代流通総論』白桃書房，1997 年，26 頁参照。
(4) 高橋正郎『食料経済』理工学社，1993 年，6〜7 頁参照。
(5) 山上徹『現代交通サービス論』地域産業研究所，1998 年，24〜25 頁参照。
(6) 今村奈良臣『地域に活力を生む，農業の六次産業化』21 世紀村づくり塾，1998 年にて六次産業化が提唱されたことに由来する。
(7) 神山安雄監修『農業に就く』秀和システム，2009 年，34〜35 頁参照。
(8) 橋本哲弥『最新農業ビジネスがよくわかる本』秀和システム，2010 年，20〜21 頁参照。
(9) 時子山ひろみ『フードシステムの経済分析』日本評論社，1999 年，117 頁参照。
(10) 高橋正郎，前掲書，96 頁参照。
(11) 同上書，96〜97 頁参照。
(12) 白戸健・岸田弘『エクセレント・サービス』創成社，2012 年，8 頁。
(13) 藤本義一『よみがえる商人道』日刊工業新聞社，1998 年，54〜55 頁参照。

第5章

豊作の祭と神へのおもてなし

1. 瑞穂の国・日本と豊作の祈り・感謝の新嘗祭

(1) 瑞穂の国・日本における農業

　瑞穂とはみずみずしい稲穂を意味するが，日本では，その稲穂が色づき実るという自然とマッチした美しい田園風景がイメージできる。「古事記」(712年編集)と「日本書紀」(720年編集)を合わせた「記紀」では，日本を「豊葦原瑞穂国」及び「豊葦原之千秋長五百秋之水穂国」(とよあしはらのちあきながいほあきのみずほのくに)などと記している。日本国は建国以来，皇尊(すめらみこと・天皇)による慈愛と和を貴しとする国であった。とりわけ，「瑞穂の国」の名にふさわしく春夏秋冬の四季の変化に浴し，また，山・海・川に囲まれた美しい自然と豊富な農水産物の恩恵を受けられる国・日本である。

(2) 豊作の感謝の新嘗祭

　祭は「尊い方のそばにてお仕えする」という意味の「まつろう」「待つ」「祀る」「松」などに由来する。尊い方とは，「神あるいは祖霊」である。人間に恵みを与えてくれる「神や祖霊」をお迎えし，感謝と祈りを捧げ，「神人一体」「神人合一」により，強力で神秘的な霊力を分け頂き，ケガレを祓うための宗教的儀式である。日本語の「祭」に該当する言葉は「儀礼・儀式・式典，祝祭」などがあるが，英語ではライト(rite)，セレモニー(ceremony)，さらにフェスティバル(festival)などがある。瑞穂の国で農耕民族であった日本の祭の原型は稲

作と関連していたといえよう。

　新嘗祭（にいなめさい）は，1872（明治5）年の改暦以前は，11月の第2の卯の日に，現在は勤労感謝の日の11月23日に天皇が行う収穫祭である。その年に収穫された新穀や新酒を太陽神・天照大神と稲の神・豊受大神（とようけのおおかみ）に供え，収穫の感謝を表現する祭である。「豊葦原水穂の国という名さえ，米の作れる土地をほめたたえたものであり，国としてのいちばん大きな祭であった新嘗祭も，その年にできた新しい米で，穀物の神を饗応する儀式である(4)」。天神地祇（じぎ）とは「天の神と地の神」を合わせた八百万の神に対し，新穀をすすめて感謝し，天皇自らも親しく食する宮中祭儀である。日本は豊（ゆたかな）葦原（あしの生えた処）水（みずの意，豊玉姫の仮称）穂（稲穂のほ）と称し，昔から米作りに関連して「神・神道・天皇」はWin-Loseの上から目線で人びとに畏敬の念にて崇められてきた。また新穀の豊作に感謝して祭儀を行う神社もある。日本人とコメの歴史は弥生時代まで遡り，豊作の感謝の行事が各神社において開催される。この時期に東京の明治神宮では「第43回東京農業祭」（2014年11月2，3日）が開催され，農林水産物の展示，品評会，即売などが行われた。

(3) 豊作の祈り・感謝の「奥能登のあえのこと」

　日本の長い歴史を通して，稲作農業が国民の経済・社会基盤であったし，民族文化の形成において中心的な役割を果たしてきた。しかし農業は自然の力に左右され，人力だけでは回避不可能な不安定な側面が伴う。端的には大雨，大風ならびに日照りで農作物が荒らされるのは神の怒りの現れであり，その怒りを鎮めるために村祭が挙行された。日本の農耕作業のサイクルと符号しつつ，一連の祭儀が行われてきた。

　「奥能登のあえのこと」は，1977（昭和52）年には重要無形民俗文化財に指定され，また，2009（平成21）年には，ユネスコ（国際連合教育科学文化機関）の無形文化遺産に登録された。「アエノコト」とは「アエ＝饗」の「コト＝祭り」を意味し，それは奥能登における新嘗祭を意味し，神に対する豊作へのおもてな

しのパフォーマンスである(5)。

　能登半島では4月から8月頃にかけて海側から吹くさわやかな真東の風をアエの風(東風)と呼んでいる。アエの風とは古来，神をはじめ，異国からの人・物・文化を伝播させるような風をいう(6)。その由来に基づきにアエノコト(饗のこと)というおもてなしの神事が継承されている。その神事は神を家へ迎え入れ，直会をし，神と人とが共に神人共饗をするパフォーマンスである。「あえのこと」の祭とは姿や形もない神に感謝し，まず神を迎え，心意，神送りの一連の行為が行われるというおもてなしの送り迎えの神事である。おもてなしとは饗応・供応・和え・アエ味噌があるように，アエは冬から春へと季節をつなぐという意味がある。このように奥能登の入江・港は，寄神(よりがみ)の場所でもあり，神々に対しては，Lose-Winの畏敬の念をもっておもてなしをしてきた。とりわけ，能登は寄留からの外国の客人(まろうど)に対し，手厚いおもてなしをするということで「能登はやさしいや土まで」といわれる土地柄である(7)。

2．祭における神の存在

(1)　祭と神

　祭は，個人・家族などのまったく私的な出来事から，また地域社会の行事，

表 5-1　祭の神事

神事	概要
依り代（よりしろ）	神霊が降臨する際に媒体となるもの。岩石，樹木，鳥居など多様な種類がある。
神饌（しんせん）	神社や神棚に供える供え物で，生のまま供える生饌（せいせん）と調理した熟饌（じゅくせん）がある。
幣帛（へいはく・みてぐら）	玉串，布帛，酒食，神に奉献する供え物の総称であり，木綿，麻，絹などが用いられる。幣帛の尊称は御幣帛，略して御幣という。
直会（なおらい）	祭儀の後に神饌を神と人との共食・共飲で，霊的に交歓する。

出　典：飛田観光陽山亭「神社用語解説」http://homepage3.nifty.com/youzantei/mitisirube/jinja_yougo.html（最終アクセス：2014年11月9日）より作成。

さらに国家的あるいは国際的な公的行事などさまざまな形態がある。表5-1のように祭の神事では祭は人間に恵みを与えてくれる神や祖霊を迎えて感謝と祈りを捧げ，直会で村民と神（祖霊）との一体化，Win-Winの関係となり，強力で神秘的な霊力を分け頂くことを目的としている。

日本では農耕を中心とした集団生活のリズムを背景にし，今日でも民族が大移動する正月，盆の帰省，四季の祭りや婚姻・葬式の習俗に，そのリズムが受け継がれている。人びとは毎日の生活を何となく過ごしているが，そこには一定のリズムが存在する。

四季の変化が鮮やかな国土である日本，たとえば，山紫水明の京都では，春には春の花が咲き，鳥が啼く，夏の雲，秋には秋の草が生い茂り，虫声を聴きながら，さらに冬には冷たい雪が降り，春夏秋冬の変化がある。この一年間，巡りくる季節の風物，海山で獲れた食糧を含めて，自然，とくに春夏秋冬の季節の変化に相応するように稲作リズムで神様との付き合いが行われてきた。日本人の伝統的な生活様式は，稲作農業のカレンダーに従って運営されてきた。その例祭において顕著な特徴がみられる。

(2) **中国の春節（農暦新年）**

中国全土には56の民族が生活しており，その内，総人口の93％が漢民族である。それぞれの民族が固有の祝祭日の習慣を持っている。春節が中国民間における最大の伝統的祭日である。元旦の元とは「開始・最初」の意味がある。「旦」は象形文字で，「旦」の下に引かれている「一」は地平線を意味する。この文字は地平線に太陽が昇る状態を表している。新年の「年」は甲骨文字で，「穂が実る」という形状を由来している。春節は農民の豊作を祈念する農閑期にあたる。[8]

春節を迎えるにあたり，各家庭では玄関の門柱に赤い紙に黒い字で，「除旧迎新（チューチウインシン：旧きことを除き，新しきを迎える）」と縁起の良い「春聯（チュンリエン）」を貼りだす。赤い提灯を燈してお祝いの気持ちを表示する。

第5章　豊作の祭と神へのおもてなし

表 5-2　典型的な祭の類型化

類型	村祭	町・都市祭	現代的な祭
信仰	神・仏	神・仏	神・仏の形骸化
主催者	村の共同体	町内共生組織	都市内共生組織
対象者	地縁血縁・村民	祭礼・住民・観客	祭礼・住民・観客
開催時期	季節性	季節性・記念日	記念日・集客性
主催目的	五穀豊穣・豊作・豊漁の祈願	天災・流行病の回避　経済・帰属意識高揚	非日常性・イベント　集客人数・売上高
基本的欲求	生理的欲求	安全欲求・愛情欲求	自己実現欲求

出典：山上徹『京都観光学［改訂版］』法律文化社，2007年，100頁。

3. 内なる神の村祭のおもてなし

(1) 豊作と村の祭の共同体

　表5-2のようにわが国の祭・年中行事の多くは，農耕民族のものでもあり，稲作と深い関係があった。日本の庶民信仰は，共同体における人と自然と神とが三位一体となって五穀豊穣（イネ・ムギ・アワ・ヒエ・マメの豊作）を祈願する「内」なる祖霊の神の存在が前提となっている。村の祭は血縁・地縁あるいは属人主義・属地主義・属信主義などの共同体を中心に厳粛に催されたのである。つまり，生産と生活の共同体となる村を基本単位とした神への信仰が昔から芽生え，育まれてきた。

　「日本に限らず，東南アジアの水田農耕地域には，イネは精霊の宿る穀物であるとみなす信仰がある(9)」という。たとえば，京都の伏見稲荷大社の起源をはじめ，イネ粒に精霊ないし神が宿るため不敬な行為をすると，不毛・不幸になるという。

(2) 村祭の神事

　日本の祭の多くは，春祭，夏祭，秋祭の3つの形態に分類できる。この年の節目に催される春祭の様式は，神をこの世に迎え，食を捧げ，供して，豊作を

願い，それが済めば，再び神をその居処に送り出す一連の儀礼である。祭の初めと終は，神迎えと神送りである。それは「神を招き」「神に供物を供え」「神意を伺い」「神を送る」というストーリーが基本的な祭の儀式の構成となっている。神を喜ばせ，にぎわせて，豊かな実りを願おうとする。だから，村落の祭では，神事を重視している。村の神楽や囃子は，みな神へのにぎわいのためである。村は，生活基盤に共同生産活動があり，共同の農耕作業，村落の存続・成長のためにも五穀豊穣を村落という単位で期待し，保障するために神に対し，厳粛な祭儀が行われたのである。村落という祖霊なる神を迎え，「内」なる村人のみが主催者・参画者・対象者として神事を行った。

4．町・都市の祭のおもてなし

(1) 町・都市の守護神

　近世の町・都市では，経済的な商売繁盛が求められる市の神，さらに町内生活における疾病・流行病などに対し，近隣との共同生活を守るための「町の守護神」が必要不可欠な存在となった。近世都市においては防備せねばならない外敵とは，天災事変による被害があった。「当時，町民が最も恐れた外敵とは，武力による侵攻ではなく，防ぐことのできない天災であった。とくに夏季に町を襲う流行病は，突然現われて多くの人びとをさらっていく恐ろしい天災事変であった。だから町の人びとを守るには，こうした敵を叩きのめす威力をもったソトからの強力な神が必要になった」。町では人口が過密となり，とくに高温多湿な夏季に流行病などが多発し，その災厄というケガレを除去するために祭が行われた。

　町内では居住者数も多く，家屋が密集し，衛生状態も悪いために，とくに夏場の流行病がなによりの共通の敵となった。共通の敵を共同して追い払うために，神をソトから勧請し，夏祭が開催されたのである。町内の人びとの職業はたとえ異なっていたとしても，疾病除けのカミをソトから勧請することが共同

体を守るために大切であった。

　たとえば，京都の祇園祭は鴨川の水辺に流行した悪霊を鎮めるために異国(インドの牛の頭に似た牛頭山の山中にいた)の悪神である牛頭天王(別名：武塔天王)を祇園社に祀り，流行病をもたらす御霊を鎮めようとした。この祭では町・都市の共通のケガレを排除し，都市空間を浄化することが目的となる。

(2)　町・都市の祭の華やかな祭礼

　柳田國男は祭を「祭と祭礼」に区分し，祭儀を主催する人(施主)と，それを司る人(神官・司祭)だけによって行われる宗教的儀礼を「祭」と称した。それに対し，公共に開かれた直接関係ない見物人が加わった神事を「祭礼」と称した。華やかで楽しみの多いものを祭礼とした。[13]

　このように町・都市の祭は祭礼であり，村の祭と祭礼とは基本的には，かなり異なるものとなった。祭礼は祭の一種で，華やかで，楽しくて，美しさが要求され，それを見る人びとが存在する祭をいう。いわゆる祭礼は意識的に神事そのものが路上に繰り広げられ，見る人びとを意識し，もっぱら見せる視点から，次第に厳粛な神事から独立したイベント的色彩を帯びるようになった。

　以上，表5-2のように日本の祭は「村の祭」と「町・都市の祭礼」，さらに「現代的な祭」とに大別でき，以下簡単に説明しよう。

　①農村を起源とする祭は共同の農耕作業という農業を基盤とし，五穀豊穣を祈願し，自然的・季節的な不安を回避するための春・秋の祭である。

　②町・都市を起源とする祭は疾病・災害・災厄から逃れたいという町内相互のリスク解消させるために行う夏祭である。町・都市型の祭は，「祭礼」とも称され，見せる祭とし，華やかな山車，屋台を引きながら，派手で，豪華な衣裳を身につけた盛大な行列などによって見る人びとを意識したものであった。

　③商店街・町内会などにおいて集客を期待し，商業ベースで開催される神なき祭である。仏・神は形骸化されているイベントなどの類をいう。

5. 長幼の序と共食のおもてなし

(1) 「同じ釜の飯を食う」と仲間意識の醸成

「同じ釜の飯を食う」とは，食事を分け合って生活を共にした深い親交のある間柄を意味する。仲間や会社を意味するCompanyの語源はラテン語でCum（と共に）Panis（パン）。つまり，パンを共に食することに由来する。昔から家族内で，男が食べ物を確保し，女と子どもが周辺の果物を採り家事をし，食を分け合って共食する習慣があった。日本社会では，同じ釜の飯を食べ合う共食（共器同食）によって家族愛・親子愛，仲間意識や連帯感を高める効果があった。たとえば，「日本書記第17巻」によれば，「毛野臣（けえなのおみ）は，今でこそ使者となっているが昔は俺と一緒に肩を並べ，肘を触れ合わせ，同じ釜の飯を食べた仲である。」とある。神のみならず，ヒト対ヒトの場合でも，同じ釜の飯を食べるという行為により仲間意識が醸成され，相互間の連帯感が高められることになる。

しかし，近年，日本では年中行事・祭も形骸化し，共食の機会がなくなりつつある。それに代わり，日本人は次第に個食化，孤食化を好み，さらに外食が一般化し，家族でわが家の味，おふくろの味を楽しみ共食する機会がまったく無くなり，日本本来の食文化が崩壊すると危惧されている。

(2) 長幼の序と敬老のおもてなし

長幼の序とは年長者と年少者の間における上下の序列を意味するのではなく，その年齢差における一定の秩序の大切さを表現する言葉である。孟子は人間として守らなければならない道徳として「五倫」を説いた。その五倫には，父子の親・君臣の義・夫婦の別・長幼の序・朋友（ほうゆう）の信を掲げた。つまり，長幼の序とは，人間として守るべき五つの道「五倫」の内のひとつである。それは社会風習上，子どもは大人を尊敬し，また，大人は子どもを慈しむべきという双方向の秩序を掲げたものである。9月9日の重陽の節句の「重陽」と「長

幼」とは同じ音感ではある。しかし，意味する内容は若干，異なる。前者の重陽はどちらかといえば，若者が一方的に敬老の精神で，Lose-Win の目線で尊敬の気持ちを表現する行為である。しかし，後者の長幼は上下関係に基づく，下から目線で年長者を敬老することだけではなく，年長者は子どもに対しても慈しみ，双方がお互いに畏敬の念・慈しみつつも，心と心を通わすという同じ Win-Win の目線からのおもてなしの心が存在せねばならない。

(3) 陰膳の共食のおもてなし

陰膳とは，安全祈願を意味しており，「蔭膳」とも記す。日本では毎朝，神饌として神棚や仏壇にご飯やお茶を供える陰膳の風習がある。それはわが家の祖霊との共食を意味している。また，戦時中，夫や息子を戦地へ見送った日本の母親らは，不在ながら無事を願って「陰膳」を供えるという習慣もあった。とくに，神に捧げると同時に家族の者が旅行中に飢えたり，危害を加えられ安全が脅かされたりしないようにと祈り，留守宅を預かる家族の者が自宅に膳を備えて祈ることが行われた。旅先で食事に不自由しないように家族との Win-Win の連帯感から共食をする。供えられた膳の食べ物は後に，それを家族の者が食する場合もある。

(4) 多神教の共食と一神教の違い

表 5-3 のように日本では八百万の神を信じる多神教の考えに基づき，神と同じ目線で直会にて食事をするというおもてなしが行われてきた。神と人びとが一同で共食することで神と人間とのコミュニケーションを図り，人びとは互い

表 5-3 宗教上の共食とおもてなしの違い

種類	神	おもてなしの概要
多神教（村祭・町祭）	多様な存在	直会の神と村民との一体の共食
一神教（キリスト教）	唯一の神	ワイン・パンを信徒間のみで共食　神やキリストとの共食の思想はない

に Win-Win の目線で共食し，神と村民とが共感し，共同体意識を鼓舞するという食文化が存在する。村祭，町・都市の祭の双方は，神が降臨する場所には目印となる依代を立てて，つまり，それは神に信号を送るアンテナへと降臨してもらう。神をお迎えし，神饌として神に食の供物を捧げ，心意を伝え，供物を払い下げ，神と人びとは共に同じ食事を食べ分かち合って喜び合う，神人共食という直会の習慣がある。自然・神・ヒトが三位一体となって豊作などを祈願する。村祭は神と人びととが一緒に飲み食いを仲立ちとして神と交流し，豊作への期待と安全・安心を共有し合うという風習が存在した。[15]

しかし，キリスト教，イスラム教の一神教では，神の概念が抽象化され，神は絶対的で抽象的な存在となっている。神は人間とははっきり区別し，断絶しており，神と人間とが共食し，交流し合うという行為は存在しない。しかし，イスラム教ではメッカへの大巡礼(12月7日～10日間)の最後の日，みずからの罪を清めるためにアッラーに犠牲として連れてきた家畜を捧げる犠牲祭が行われている。「お祈りの後，各家庭ではヒツジやラクダを屠り，その肉を親戚や貧しい人びとに配る。」[16]貧しい人に与えるという喜捨の行為はイスラム教徒の義務のひとつである。

6.「ハレ・ケ・ケガレ」と祭のおもてなし

(1)「ハレ・ケ・ケガレ」の語意

表 5-4 のように人間の精神状況には気分や意識が快く「晴・超最高」の「ハレバレ」となり，「清浄性・神聖性」なハレがある。日常的な生活として「曇

表 5-4 「ハレ・ケ・ケガレ」のおもてなしの違い

種類	天気	気持ち	生活	おもてなしの形態
ハレ（晴）	晴天	超最高・ハレバレ	非日常	清浄な日・神聖な祭
ケ（褻）	曇	普通・普段	日常	日常生活・普段着
ケガレ（穢れ）	大雨	不浄・気枯れ	非日常	マイナスの不浄な儀礼

第5章　豊作の祭と神へのおもてなし　69

り・普通」であり，「日常性・世俗性」を示すケ（褻）がある。さらに，気枯れ，気離れるような「雨・不浄性」なケガレ（穢れ）といった3つの形式に区分できる。[17]

　非日常的な精神状態は「ハレ・ケガレ」を意味するが，「ケ」は日常的である「普段，つね，私的な」の状態である。他方，「ハレ」は晴れがましいことであり，「表向き・正式・公・公衆の前」などを意味するプラスの非日常であれば，「ケガレ」がマイナスの精神状態の非日常性を意味する。祭の日とは，ハレの日であり，日常的なケの日々とは異なる食事をし，晴れ着を着て仕事を休み，「ケガレ」（ケの涸れた状態）を克服し，心も身も，リフレッシュさせねばならない。[18]

　日本人は太陽を信仰し，月を愛で，邪を祓い，身を清め，禊（みそぎ）をするために神を祈り，数々の年中行事を継承してきた。昔の日本人の生活は貧困なため，一年間においてハレは稀有なことであり，その喜びゴトとは，季節の節目の祭・年中行事のみであった。昔の食事の特性においては，「ケの食事は雑穀や野菜など，ハレの食事は餅・飯・菜・焼米・団子・酒などが中心になる。」[19]「ハレ・ケ・ケガレ」は基本的に時（time），場所（place），場合（occasion）といったTPOに対応したおもてなしが必要になる。

(2)　現代生活は「ハレ」の連続

　祭や正月などの年中行事は1年の節目などに行われる「ハレの儀礼」である。それは特別な日の特別な着物や食事，作法や行為，気分あるいは意識などを「ハレ」と称して日常の生活（ケの生活）と区別していた。しかし，祭は「ハレ」ばかりでなく，葬式，法要，病気の治療儀礼，また，神や死霊の怒りを鎮め，「ケガレ」（穢れ）を祓う儀礼などがある。祭は日常を離れた時間と空間を区切って行われる非日常の世界である。

　しかしながら，現代生活では，華美な服装を身に着け，美味しいご馳走を食べ，酒を飲み，歌い踊るのは，なにも祭のハレに限ったことではなくなった。

時・場所を考慮して娯楽施設を利用し，金銭を支払いさえすれば，日常的にハレを楽しむことができる。いわゆる「日常の祭化」「祭の日常化」となっており，「ハレの連続」が都市社会に準備されており，「ハレとケ」の境界が曖昧である。たしかに，現代日本人の生活は，いまや「日常のハレ化」「ハレの日常化」であり，「ハレの連続化」にあると思える[20]。しかし，それは物質的な側面の「ハレ」に過ぎなく，精神的な面では「ケ」というよりも，むしろ「ケガレ」のような状況下にある人びとも多いこともたしかである。

(3) 清めの禊にてケガレを祓う

禊（みそぎ）とは本来，神を迎えるに先立ち，川の水などで身体の汚れを洗い流して清めることであり，水垢離（みずごり）ともいう。そこで，禊は過去の遺恨や憎悪などのケガレを清めことと解釈される。このようにケガレを清める禊は，日本人は多神教ゆえに「すべてを水に流して」忘れることができる。日本の禊は肉体的な汚れよりも，むしろ精神的な罪悪・ケガレを洗い落とす行事である。日本で「ケガレ」を払い清めるという禊は繰り返しが可能である。「すべてを水に流す」という日本的な発想は禊をすることで，ケガレを払ったことになり，「ハレ」へと転化して善なる人になる。そのようなことから転じて，たとえば，スキャンダルのあった政治家が選挙で勝ち抜くと，「禊は済ませた」ことになる。「選挙区の民意」である選挙で当選できたならば，「ケガレ」が洗い落とされたと判断される。それが「みそぎ選挙」である[21]。しかし，その刑事責任そのものは免責されたものではないが，問題視されたスキャンダルの政治責任は一応，区切りがついたと認識されることになるという。

(4) ケガレと女人禁制

昔から「女人禁制」「女人結界」という立て札が，各地の神社・霊山の入り口にあり，また，相撲の土俵上に対しても，「女人禁制」が行われている。その理由は，次のような背景に基づいている[22]。

① 一般に，神道・仏教を通して女性は血のケガレがある。女性の月経，出産の血をケガレとして修行の場を清浄に保つために忌避するという風習が社寺信仰を始め，日常生活に存在する。
② 男性出家者の禁欲や修行のために宗教上の忌避，とくに，性欲を禁止する戒律のため，男性の無心なる修行には女性の存在が妨げとなる。
③ 女性では危険な難所があり，過酷な登山を女性にさせない仕組みであり，差別扱いというよりも，むしろ女性の保護の意味合いから入場を禁止している。女性を大切に想う背景には人類保存・子孫の繁栄の意識もある。
④ 逆に，尼寺では一切の男僧の立ち入りを禁止している。

女人禁制の理由は，それぞれもっともではあるが，今日的に男女平等の観点から，③の意味に基づく考え方が有効に思われる。しかし，日本では，①，②のように女性の存在がケガレ，男性の修行上の妨げになるという観点から女人禁制が行われてきたと考えられる。それが男性側の本音ではなかろうかと思われる。

注
(1) 福永武彦訳『国民の文学Ⅰ　古事記』河出書房新社，1964年，59頁，236頁参照。
(2) 辻原康夫『「日本の旅」文化事典』トラベルジャーナル，2000年，52頁。
(3) 永田久『年中行事を科学する』日本経済新聞社，1994年，208～209頁参照。
(4) 日本風俗史学会編『近代日本風俗史5　食事と食品』雄山閣出版，1968年，55頁。
(5) 神崎宣武『「まつり」の食文化』角川書店，2005年，15頁参照。
(6) 福野勝彦『東風に吹かれて』回天蒼生塾，2007年，20頁参照。
(7) 山上徹『食文化とおもてなし』学文社，2012年，145頁参照。
(8) 周国強著，筧武雄・加藤昌弘訳『中国年中行事・冠婚葬祭事典』明日香出版社，2003年，25頁参照。
(9) 石毛直道『世界の食べもの』講談社，2013年，145頁参照。
(10) 吉野裕子『祭りの原理』慶友社，1979年，3頁参照。
(11) 松平誠「江戸型祭礼の文化構造」日本観光協会『月刊観光83／12』1983年，

40 頁参照。
⑿　松平誠「都市祭礼の世俗化と観光的特質その 1」日本観光学会『研究報告第 13 号』1983 年，11 頁参照。
⒀　柳田國男『定本柳田國男集　第 10 巻』筑摩書房，1973 年，178 頁参照。
⒁　宮澤豊穂『日本書記全訳』ほおずき書籍，2009 年，368 頁。527 年（継体 21）6 月 3 日の記述がある。
⒂　岡田哲『食の文化を知る事典』東京堂出版，1998 年，29～30 頁参照。
⒃　21 世紀研究会編『イスラームの世界地図』文藝春秋，2002 年，223 頁。
⒄　片岡耕平『穢れと神国の中世』講談社デジタル製作部，2013 年，35～36 頁参照。
⒅　宮田登『ケガレの民俗誌』人文書院，1996 年，20～22 頁参照。
⒆　岡田哲『食文化入門』東京堂出版，2003 年，23 頁。
⒇　嶋根克己・藤村正之編者『非日常を生み出す文化装置』北樹出版，2001 年，53 頁参照。
㉑　山上徹，前掲書，166 頁参照。
㉒　柴桂子『近世おんな旅日記』吉川弘文館，1964 年，113 頁参照。

第6章

食旅と地方創生のおもてなし

1. 旅の語源と旅を楽しむ

(1) 旅は労苦

　旅は人間の移動そのものの歴史であるといえよう。現在,「観光」という用語が一般的に使用されているが,旅とは居住している地を離れて,他の土地(場所)を巡ることである。日本語での「旅」は,家を離れることから「他日・外日・他火・足袋」とも称され,旅はタブ(給ふ)の命令形で「給べ」から派生した名詞に由来しているという(1)。旅は西欧でも,中世におけるヒトの移動であり,一種の大冒険であった。旅(travel)とはトラブル(trouble)あるいは労苦(toil)に由来し,フランス語の Travail(仕事,骨折り)とも関連している。

　柳田國男の「旅は憂いもの,辛いもの」(2)とあるように旅には,労苦がつきまとった。それゆえ,「かわいい子には,旅をさせよ」ということわざもできた。旅自体は苦しいものであるが,その苦労を乗り越え,人生と向き合う姿勢,人間学を学習する絶好の機会と考えられていた。

　このように旅は「以前は辛抱であり,努力であった。其の努力が大きければ大きいほど,より大なる動機または決意がなくてはならぬ。だから昔に遡るに連れて,旅行の目的は限局せられて居る」(3)という。旅人は悪路を通り,数えきれないほどの未開の道・河を渡り,多くの犠牲を払う旅であった。たとえば,山賊・追剥・護摩の灰などが出没し,その存在に耐えて,ようやく探し当てた宿屋で仮眠し,翌日にはまたしても旅を続けたのである。日本では8世紀頃か

ら西国三十三箇所・四国八十八箇所の巡礼などが行われるようになった。

(2) 旅を楽しむ

　交通手段などの未発達な時代では，旅とは困難・危険な一種の冒険であった。しかし，「中世の鎌倉・室町時代に入ると，事情はしだいに好転し，民衆の旅への道がようやく開かれるようになった。それは，① 宿屋の発達，② 貨幣の流通，③ さらに御師・先達・宿坊などと呼ばれる社寺側の受入れ体制の成立などによるものであった」。旅行インフラの充実，たとえば，宿の形態が平安時代から熊野三山詣で御師が斡旋する宿坊をはじめ，燃料代として木賃（薪炭の代金）を支払った木賃宿，さらに，17世紀末頃になると，風呂と食事付き，馬の餌（籠）代を意味する旅籠が整い，飯盛女（遊女）のおもてなしも行われ，さらに，徳川幕府の五街道などの整備で旅する環境が改善されたことなどにより，旅の大衆化が加速された。

　川柳の「伊勢参り大神宮にもちょっと寄り」や「精進落とし」という言葉があるように，聖なる信仰の旅の後には，物見遊山や悦楽的な遊興などの目的が見え隠れしている。社寺参詣者は寄り道を楽しみ，社寺参詣には信仰と信仰後の遊びが用意されており，聖なるハレと俗なるケの儀礼がセットされていた。伊勢参りの参詣・巡礼の一環と方便化される伊勢参りを「おかげ参り」と称し，上流階級だけでなく，老若男女を問わず一般大衆の一生に一度は果たすべき通過儀礼として普及するようになった。「おかげ」とは沿道の住民が施行というWin-Winの気持ちから旅人をおもてなしたのであった。伊勢参りをする旅人らは「神からのおかげ」と感謝したのであった。

2. 食旅と地元の食材のおもてなし

(1) 旅先の非日常体験と遊び

　日本人の旅や観光そのものが時代と共に大きく変化してきた。第二次世界大

第6章　食旅と地方創生のおもてなし

戦後，村単位の旅行から一事業所単位で貸切り列車・貸切りバスを仕立てて職場の慰安旅行が行われ，とくに，1960年代にマス・ツーリズムが到来した。一般的に，マス・ツーリズム時代と現代との違いは「団体旅行」から「小グループ化」したことである。また，現在，観光の成熟期を向かえ，その形態は「Seeingの物見遊山型，周遊型」から「Doingの体験型，活動型，滞在型」へとシフトしてきている。とりわけ，若い人びとは非日常性の高い体験型・活動型を好むようになっている。第7章に述べるが，現代における観光目的は「触合い，学ぶ，遊ぶ」となっており，「遊ぶ」という目的が掲げられたことにより，観光の多様化，個性化が広がりを示してきている。食は今日，人間の生きるエネルギー源でなく，人びとが楽しむ源泉となっている。

(2)　食旅の「アゴ・アシ・マクラ」

　本来，演劇・映画業界の興行にかかわる業界用語として「アゴ（顎）・アシ（足）・マクラ（枕）」が使われる。たとえば，「アゴ・アシ・マクラ付き」といえば，「食事代・往復交通費・宿泊代付き」の仕事を意味し，この用語が旅行業界でも使われている。「アゴ」といえば，一般的に空腹を充たす最低限のコストの食事を意味している。それゆえ，グルメを楽しむこととは無関係のように思える。とはいえ，旅行の目的や形態，個人の嗜好により，旅行費に占める食への比重は格差があるとはいえ，決して小額なものではない。単に食を目的とした旅ではなくても，一日の朝昼晩の三食を人間は基本的に欠かすことはできない。最近，旅先では「アシ・マクラ」の費用を下げても，こだわりの「美味しい食」を楽しみたいと希望する人びとが多い。とくに，現代人は旅先で美味しいものや珍しいものを食したいとの欲求が強いといえよう。

(3)　食べる食旅と食べない食旅

　人びとの旅行の頻度が増加しているが，旅が「大衆化した頃から，その目的のひとつとして『食』が注目されるようになっていった。海外旅行を経験した

観光客には『旅先ならではの美味しいものを食べたい』『豪華なものを食べたい』『珍しいものを食べたい』『本場で食べたい』という」欲求がある。食旅には旅先で食べる食事，移動中に食べられる食の機会がある。食旅とは，地方の特徴ある「食や食文化を楽しむ旅行および地域の特徴ある食を観光資源とする地域における施策や事業」と二面的に規定されている。「食を楽しむ」には単に旅先で食するか否かではなく，食べない食旅も対象となる。つまり，買い物バス・ツアーのような地方の食材や加工食品などを「買う食旅」，また地方の食の生産や加工のプロセスを体験する「体験する食旅」をも含んでいる。このような食旅に基づく集客力は「農場・漁場から食卓まで」の多様なニーズを充たすことになる。食旅の振興は農水産物の収穫をはじめ，それらを加工し，さらに，それらの商品を流通・販売するなどの食ビジネスを基軸とした地方創生につながるといえる。

(4) 地元の食材の再発見

旅において美味しく感じる食べ物とは，地元固有さやこだわり性を提案するものであるか否かに依存する。観光客は地元の食文化を学習し，また，その食材に直接，触れ，さらに，その場で，できれば，食したいと希望することであろう。それゆえ，観光客を温かくおもてなしするには，地元固有のこだわりの食材を発見・創造し，地元固有の調理法を加えることである。まずは，地元の食材を発見し，食を提供する施設，人材を組織化し，地元の人びとが食文化の情報を共有し合うことが必要となる。既存の資料に捉われず，埋もれた地元の食文化を発見・発掘することである。

3. 特産料理のおもてなしと不満

(1) 特産料理の諸形態

郷土料理とは，地元固有の自然風土・食材・食習慣・文化を背景にし，地元

の人びとの生活のなかで創意工夫され，必然的に生成・伝承されてきた生活文化の料理がある。各都道府県には，有名な特産といえる郷土料理が多く存在する。郷土料理の特徴はある特定の地方で獲れる特産物を用いて，その土地で培われた伝統的な料理法で調理された地元の自慢の味となる。さらに，長い年月の間に地元特有の料理と評価されるようになった料理と分類できる。それらには，次の3つの形態にて分類できる。[8]

1) 地元固有の食材

ある地元固有の限定された食材を使い，その土地の伝統的な調理法に基づき調理・加工された料理がある。たとえば，北海道の石狩鍋，富山県のほたるいか，石川県のかぶら寿司，滋賀県のふな寿司，岡山県のままかり寿司などがある。

2) 特定食材を加工した料理

ある特定の地方産の食材を使っているが，貯蔵に適する食材として加工を施し，大量消費地へ運ばれ，その消費地で調理され，次第に発達し，認知された料理がある。たとえば，京都の芋棒やさば寿司，ニシンそば，塩サバと大根の薄切りに昆布の煮だし汁をくわえた船場汁などがある。

3) 加工して固有料理

全国的に産する食材ではあるが，長い年月の間に地元特有の料理と評価されるようになった料理がある。たとえば，北海道の三平汁，秋田県のきりたんぽ，山梨県のほうとう，愛知県のきしめん，高知県の大皿に盛りつけられた宴会料理の皿鉢（さわち）料理などがある。

(2) 特産料理の商品化を推進

今日，物流システムのグローバルな発達で，どこでも同じような食材が入手可能となり，他の地方の産品との差別化を図ることが困難になりつつある。しかし，地元固有の食材にこだわった特産料理が評価されている。

各地方における特産料理は，表6-1のようなこだわりの料理になっているか

表6-1 こだわりの特産料理の条件

モノ	土産	その土地でとれた食材
	土場	その土地のこだわりの場所・施設・室礼
コト	土法	その土地に伝わるこだわりの調理法
		その土地固有の食べ方
ヒト	土人	その土地の料理人
		その土地の接客スタッフ

出典:山上徹『食文化とおもてなし』学文社,2012年,33頁参照。

否かである。各地方における特産料理の満足度は「その土地でとれたもの」(モノ・食材・土産),「その土地に伝わる調理法・接客法」(コト・土法),「その土地の食べ方」(コト・土法),「その土地の料理人・接客する人」(ヒト・土人)で食することにある(9)。

　農水産物・畜産物の特産料理が,観光客の味覚を満足させ,集客力を左右するようになる。特産料理は,地元自体で大切に守り,進化させるべき貴重な資産である。その地方固有の料理を振興するべきであり,特産料理のワザを真摯に磨き,単に次世代へ継承するだけでなく,時代に適合するように積極的に商品化を進めることが必要不可欠である。

(3) 特産料理への不満足

　食ビジネスの現場における「不」とは,お客からの「不便・不満・不愉快・不利益」などのクレームを意味する。人気の高い特産料理であっても,不満を感じさせる場合がしばしば起こる。日本の料理・飲食業者に対し,不満を感じる事項は,次のようなものがある。

① 旬の時期で食材自体が最適でも,一般に温かい料理が冷たい,冷たいものが温いという場合がある。
② 鮮度を考えず,ありきたりな食材を使用している。
③ こだわりの調理法でなく,料理そのものに特色がない。

④ 味覚，それ自体が美味しいとはいえない。
⑤ 手づくり料理といいながら，多くが加工品の代用品の料理である。
⑥ 消費期限切れ・賞味期限切れの食品・食材が使われている。

　来訪の際，期待してきた食材や調理法と異なれば，食した人びとは不満を募らせる結果となる。もし，観光客が不満を感じるならば，その土地そのもののイメージを低下させ，結果的に，その地方そのものへのマイナスとなる宣伝の材料になることであろう。

4．地方創生と食旅の消費対策

　消費者は，「食の安全・安心」「国産食材志向」「農水産業などの見直し」「生産者の顔が見える商品・食材・料理の提供」「次世代への食育」などの関心も高く，食にかかわる適切な情報の受発信が求められている。

(1) 一村一品運動

　一村一品運動は，1979（昭和54）年，大分県の平松守彦知事によって提唱された運動である。地元住民が主体となって，村おこしのために一村一品の開発の奨励に由来する。その後，この運動は各市町村を中心に地方創生を推進する全国的な運動として発展した。一村にひとつ以上の特産品を開発し，国内や世界に通用する有名ブランドの銘柄を育成することにより，その経済的な効果が非常に大きなものと期待できる(10)。とくに，一村一品運動は地元の資源を活用し，ひとつの地場産業を育成できるならば，地元の創生の起爆剤になると，各市町村で積極的に展開されるようになった。その背景には，日本経済の東京一極集中の対抗策として，とくに，地方経済の活性化に貢献できる施策として期待されていた。

表 6-2　都道府県別の御当地人気料理

都道府県	人気ご当地グルメ	都道府県	人気ご当地グルメ
北海道	うに・いくら丼，スープカレー	岩手県	盛岡冷麺，盛岡じゃじゃ麺
秋田県	横手やきそば	宮城県	牛タン焼き
栃木県	宇都宮餃子	群馬県	焼きまんじゅう
埼玉県	やきとり（やきとん）	東京都	もんじゃ焼
神奈川県	よこすか海軍カレー	静岡県	富士宮やきそば
大阪府	お好み焼き，たこ焼き	兵庫県	神戸牛ステーキ，明石焼き
広島県	広島風お好み焼き	福岡県	辛子明太子
長崎県	ちゃんぽん，皿うどん，佐世保バーガー	熊本県	太平燕（たいぴーえん）
宮崎県	チキン南蛮	鹿児島県	黒豚のしゃぶしゃぶ

出典：農林水産省編『農山漁村の郷土料理百選』2008 年，30〜36 頁参照。

(2) ご当地人気料理

　地元独自の料理を，一般に郷土料理というが，それには，その地方で収穫された食材を活用し，調理方法においても地元独自の手法でもって調理されるものである。また，長年，農林水産業を生業とした地元固有の食材を活用した料理は「ふるさと料理」といえる。近年，表 6-2 のように地元住民にふるさと料理をより改良した「ご当地人気料理」が話題となっている。ご当地人気料理とは地元の風土・産物との関係性が薄くても，ご当地自慢の料理として地元住民からすでに絶大な人気を博しており，将来的にも広く国民に愛され，支持されうる可能性のある料理をいう。ご当地人気料理は地元の自慢料理として全国的に広く支持されるようになれば，地方創生にも貢献すると期待されている。

(3) 地産地消の推進

　近年，郷土料理に対し，いわゆる域内消費の「地産地消」が提唱されている。それは，端的には地域で生産された食材を，地元で消費することを意味する。消費者からみると，「新鮮，安心，安価」が期待できるし，生産者からみると，

顧客の信頼を確保することで，安定的な供給が可能になる。地産地消を提唱する背景には，一般的に，次のような効果がある。⁽¹¹⁾

①食や農の面から地元の魅力を再認識し，地元の良さの再発見となり，かつ地方創生にも貢献できる。

②地方の自立を可能にし，地元の伝統的な食文化が継承でき，次世代への食育を育むことにもなる。

③消費者や生産者との間では「顔が見え，話ができる」相互にコミュニケーションが可能となる。生産者と消費者の共存共栄の道を通じて連携による新しいコミュニティーの形成ができる。

③地元農業を創生でき，日本全体の食料自給率の向上にもなる。

④地元消費は運送費の負担が少なく，かつ環境負荷の低減につながる。

(4) スロー・フード

ファスト・フード(fast food)は「どこで食べても同じ味」「安くて効率的」「出てくるのが早い」に対して，スロー・フード(slow food)はゆっくりと手間ひまをかけて調理するという。全世界で味の均質化が起きていることを問題視し，食材選び，調理法，食べ方などについて本来の自然な姿に戻るべきと，1986年，イタリアのペトリーニ(Carlo Petrini)の提唱した消費者運動が契機となった。その基本は，その土地の伝統的な食文化や食材を見直し，食の喜びを取り戻そうという運動であり，またその食品自体を意味している。スロー・フード運動とは，次の3つの活動をいう。⁽¹²⁾

① 消えつつある郷土料理や質の高い食品を守ること

② 質の高いこだわりの食材を提供する小生産者を守ること

③ 次世代の子どもを含め，消費者全体に食・味の教育をすること

スロー・フードでは，「買い物」以前に作付け状況の把握を含め，多くの時間を費やす。とくに，地元で作られた「ヒトの顔」が見える関係を大切にし，食の安全・安心を最優先するものである。日頃食している食材は誰がどのよう

に作ったのか。その食材の味覚をじっくりと味わい，その土地で育ったものを食する生活が最善であるという考え方である。

(5) フード・マイレージ

フード・マイレージ(food mileage)とは，「食料(= food)の輸送距離(= mileage)をいう。1994年，イギリスの消費者運動家のラング(Tim Lang)が「農場から食卓まで」の距離が短い食材を選択した方が輸送費，環境負荷が少ないとした。国内輸送を除外し，輸入相手国の輸入量と距離で計算し，数値が大きければ，環境負荷が大きいことになる。日本は遠隔地からの輸入量が多く，結果的に地球環境への負荷が大きい。

日本のフード・マイレージ(tkm) ＝ 輸入相手国別の食料輸入量(t)
　　　　　　　　　　　　　　　×輸出国から日本までの輸送距離(km)

(6) 身土不二

身と土は切り離せなく，その土地，その季節の食物が健康に良いという仏教の思想である。その食材の味覚をじっくりと味わい，その土地で育ったものを食する生活が最善であるという考え方である。旬の食材を使用し，添加物を使わず，伝統的な保存食品を作ることにもなる。身土不二を提唱している農家・農業団体などが国産農産物の需要の増加や食料自給率の向上につながると推進している。地元の土地・食材・人間が三位一体の関係となり，「地元の，地元による，地元のために」食材を消費することが最善である。

(7) ロハス

ロハス(lifestyles of health and sustainability：LOHAS)とは，健康と地球の持続可能な環境を志向するライフ・スタイルをいう。ロハスは本来，健康や環境問題に関心の高い人びとのライフ・スタイルを営利活動に結び付けるためのマ

ーケティング用語であった。一般に，ロハスには健康や癒し，環境やエコに関連した商品やサービスなどが包括されている。食に関しては心身ともに健康的で，環境的にも優しいことをテーマに大地の恵みを活用し，無農薬野菜や穀物といった自然食品を地域の食づくりに反映させる考え方が含まれよう。

(8) エシカル消費（倫理的消費運動）

エシカル（ethical）とは，本来は道徳・倫理（ethic）の形容詞で「道徳的な，倫理的な」を意味する。元々は「エコロジー」（ecology）を起点としており，環境や広範な社会問題，さらに企業の社会的責任（corporate social responsibility：CSR）に配慮した諸活動を包含した内容である[13]。

企業の優劣とは，単に法令を侵さず，遵守していれば可とするコンプライアンス（compliance：法令遵守）を期待するだけではない。それ以上に経営者に対し，広範なる社会的責任が問われている。いわゆるエシカル消費の時代における企業活動では，さまざまなステークホルダーと共に直接的・間接的に価値創造，市場創造を担うべき責任を果たさねばならない。近年，表6-3のような消費者の購買動機は，単に価格が廉価，また，高品質という基準だけでは判断されなくなっている。多くの場合，消費者が単に商品やサービスだけを購入することによる直接的な効果だけでなく，その購入行為から間接的に派生する効果や長期的にいかなるインパクトを社会全体に与え得るかをも配慮するようになった。

表6-3　お客のエシカル消費性向

①自分を飾るより⇒	自分を賢くするためにお金を使う
②ただ安く買うより⇒	地域が潤うようにお金を使う
③モノを手に入れるより⇒	絆を強めるためにお金を使う
④有名企業ではなくても⇒	信頼できる企業から買う
⑤消費するだけでなく⇒	自らを創造するヒトになる

出典：デルフィス　エシカル・プロジェクト『エシカルを知らないあなたへ』産業能率大学出版部，2012年，49頁。

たとえば，2011年3月11日に起きた東日本大震災では，地震・津波・原発事故により被災し，とくに放射能汚染問題が発生した。しかし，その後，世界各地から応援・支援があったと同時に，多くの日本人は消費行動を通じて被災地との絆(engagement)，連帯意識が高まり，エシカル消費が多様な側面で進展したのであった。

(9) ブランド化

地方に対する個人的な好き嫌いから各種の情報に基づき頭のなかに連想したブランド(brand)やイメージ(image)の総和によって好き嫌いの意志決定がなされる。イメージは本来，極めてあいまいな心像，不安定な心の絵である。それに対し，ブランドは家畜に押す焼印・目印(burned)である。それは長い期間に培われた信頼関係である。ゲストの頭のなかで連想された期待を裏切らず，ホストは約束された価値を守り続けるという絆が大切になるのである。ブランドのキーワードは，競争相手との差別化の必要性から「均質と統一」を維持することである。

顧客のブランドに対する忠誠度は，一般にブランド・ロイヤルティ(brand loyalty)と称する。しかし，それは，下位の者が上位の者に忠誠を示させるという下から目線を意味する。ホスト・生産者とゲスト・消費者との関係は，対等な同じ関係に基づくというよりも，生産者が上から目線で忠誠心を求めているといえる。それゆえ，近年，ゲスト・消費者自身がブランドを同じWin-Winとなる目線でお互いが対等に心を通わせるという意味で，ブランド・パトロナージュ(brand patronage)が使われている。[14]

地方経済を創生させるにあたり，ブランド化を目指した地元の特産品づくりが各地で行われている。地域ブランドという格付けは地方全体をひとつのイメージに統一化することで，人びとに信頼感や憧れを導き出すことができ，有効となる。すでに地方の農水産物の知名度を高め，地域ブランドとして名高い商品には，たとえば，夕張メロン(夕張市)，大間マグロ(青森県大間町)，氷見の

寒ブリ(氷見市),松阪牛(松阪市),下関のフグ(下関市),関サバ・関アジ(別府市など),宮崎県産の完熟マンゴー(串間市など)などが有名である。

5. 京のおばんざいとB級グルメのおもてなし

(1) 京のおばんざい

　かつて滝沢馬琴は,紀行文「羇旅漫録」にて1802(享和2)年,江戸から京都へ旅し,「京によきもの三ツ」は,「女子,加茂川の水,寺社」といった。加茂川に限らず,京都は,古から清涼な水に恵まれた土地柄であった。麩,湯葉,豆腐,酒,酢,味噌,漬物などを食材とする京料理とは,いずれも良質な「京の水」を得て,本物の味が活かされてきた。京の食文化には多種多様のブランド野菜があり,それを背景に蔬菜(そさい)文化が成立した。純日本料理で代表される料理以外に,多くの京都固有の郷土料理が生み出されている。

　京都の町衆の風俗,習慣などの生活文化と密着し,野菜を主とした家庭料理が京のおばんざいである。おばんざいとは,お番菜であり,その番とは番茶や番傘などのように「普通の」という普段の菜のおかずを意味する。それは四季の食材を使った日常のおかず,いわゆる惣菜である。料亭の料理に対し,おばんざいは京都の家庭で受け継がれた「おふくろの味」で,庶民的な食文化が凝縮している。おばんざいは日常のおかずであり,決してハレの日の食べ物や年中行事に合わせたおかずの取り合せではない。

　おばんざいは旧家において代々,親から子へ受け継がれてきた。月の内でも何回か節目になる日が決められ,何の日には何を食べるという風習が固く守られてきた。京都人の生活の知恵が代々引き継がれ,質素なようでその実,味にうるさく,贅沢なのが,京のおばんざいである。旬の安くて美味しい食材から料理されたおばんざいは,「手間ひまかけてもお金はかけるな」の精神のおもてなしである。おばんざいは京都の庶民の風俗,習慣などの生活文化と深くかかわり,家庭的なお惣菜料理のおもてなしがなされる。

表6-4　B級グルメの麺類・餃子

種	場所・名称
ラーメン	函館ラーメン，札幌ラーメン，旭川ラーメン（北海道），盛岡冷麺（岩手県），喜多方ラーメン（福島県），山形冷しラーメン，伊那ローメン（長野県），富山ブラックラーメン（富山県），播州ラーメン（兵庫県），鍋焼きラーメン（高知県），博多ラーメン（福岡県），須崎の鍋焼きラーメン（長埼県）
焼きそば	横手焼きそば（秋田県），富士宮やきそば（静岡県）
餃子	宇都宮餃子（栃木県），ふくしま餃子（福島県），浜松餃子（静岡県），津ぎょうざ（三重県），うどんぎょうざ（大阪府），一口餃子（福岡県）

出典：山上徹『食文化とおもてなし』学文社，2012年，36頁より作成。

(2) B級グルメ

　最近，庶民的な味・B級グルメが関心を高めている。B級グルメは本来，歴史性をはじめ，食材の地方性・土着性を必ずしも問うものではなく，特定の地方の人びとのアイデアから開発されたものが多い。それは地元名を使った庶民性に特化した料理である。表6-4のようにB級グルメとは，贅沢品でなく，安価で日常的に食される庶民的な飲食物が中心になる。全国どこでもあるような麺類，ぎょうざ，カレーなどのごく普通の食材を使用し，楽しく賞味する食べ物が中心である。

　B級グルメ活動を推進する「B-1グランプリ」は2006（平成18）年に青森県八戸市で第一回が開催され，それ以降，マス・メディアのイベントとして爆発的に流行するに至った。それは地方産業の創生，町おこしのために全国的に行われるようになった。安価で美味しく気楽に食べられるB級グルメは，たとえば，喜多方ラーメン，宇都宮餃子，よこすか海軍カレー，静岡おでん，小田原おでん，富士宮やきそば，高松うどん，佐世保バーガーなどが続々と人気を博した。第九回（2014年）「B-1グランプリ」は，福島県郡山市で開催され，来場者数，約45万人で，第一位に青森県十和田市の「十和田バラ焼きゼミナール」，第二位に千葉県勝浦市の「熱血！！勝浦タンタンメン船団」が入賞した。

(3) 京おばんざいとB級グルメの違い

　多くのB級グルメは即席で，素人でも調理できるようなラーメン，うどん，焼きそば，カレーなどの類が定番である。それは京都の庶民の食文化として成熟した「おばんざい」とは大いに異なる。

　B級グルメの場合，その地元特産の食材をほとんど活用するものではなく，むしろ使用したとしても，無理やり詰め込んだに過ぎず，貴重なアイデアはあっても文化性が感じられないと，批判できる。B級グルメ自体は地元の名物料理や郷土料理とは異なり，一般的に地元の特産品とのつながりが薄く，単に一時的なブーム，イベントで関心を高めており，地方おこし，町おこしのために創作されたメニューに過ぎない。B級グルメが地元の食文化として認知できるかといえば，現時点では疑わしい。なぜならば，その多くは地元の人びとに認知されておらず，食文化として時期尚早で未完成のものが多い。

　まさに京都の庶民の味・おばんざいは京都の食文化として広く認知されている。各地のB級グルメの多くは未だに，地元の食文化と高言できるまで評価されるには至っていないものが多く，その人気の持続性も危惧される。B級グルメは一時的にメディアの話題になっても，中長期的に陳腐化する可能性が大であり，持続性が強く求められる。それゆえ，今後とも，B級グルメが地元の食文化となるように進化させるマーケティング戦略が必要不可欠である。

注
(1) 北見俊夫『旅と交通の民俗』岩崎美術社，1995年，32〜35頁参照。
(2) 岡村遼司『柳田国男の明治時代』明石書店，1998年，141頁。
(3) 同上書，139頁。
(4) 新城常三『庶民と旅の歴史』日本放送出版協会，1971年，31頁。
(5) 安田亘宏『食旅と観光まちづくり』学芸出版社，2010年，4頁。
(6) 同上書，19頁。
(7) 安田亘宏『食旅と農商工連携のまちづくり』学芸出版社，2011年，113〜114頁参照。
(8) 辻原康夫『「日本の旅」文化事典』トラベルジャーナル，2000年，152頁参照。

(9) 安田亘宏・中村忠司・吉口克利『食旅入門』教育評論社，2007年，31頁参照。
(10) 日本港湾経済学会編『海と空の港大事典』成山堂書店，2011年，147頁参照。
(11) 下平尾勲・伊東維年・柳井雅也『地産地消』日本評論社，2009年，12～16頁参照。
(12) 三橋規宏監修『サステナビリティ辞典』海象社，2007年，214頁参照。
(13) デルフィス　エシカル・プロジェクト『まだ"エシカル"を知らないあなたへ』産業能率大学出版部，2012年，36頁
(14) 山上徹『食文化とおもてなし』学文社，2012年，41頁参照。
(15) 滝沢馬琴「羇旅漫録」『日本随筆大成Ⅰ』吉川弘文館，1975年　223頁。
(16) 山上徹『京都観光学』法律文化社，2000年，131頁参照。

第7章
観光まちづくりと地方創生のおもてなし

1. 観光立国におけるおもてなし

(1) 観光政策の展開

　20世紀後半,東西冷戦体制が終焉し,世界的に平和が実感できるようになり,21世紀,「ヒト・モノ・カネ・技術・情報」などがグローバルに移動可能となった。まさに人類大移動の観光交流時代が到来しているといえよう。

　しかし,日本では海外へ送り出すアウトバウンドである「外なる国際化」よりも,むしろ受け入れるインバウンドである「内なる国際化」が大幅に遅れ,長年,アンバランスな状態が続いていた。よって,遅まきながら21世紀に入り,日本では観光立国の実現に向けて動き出している。日本の観光立国化には,各都市が観光立都に成長・発展することが基本であると考える。また,インバウンド数の拡大策と「内なる国際化」への規制緩和策が必要不可欠であろう。

　そこで,日本では,2003(平成15)年,「ビジット・ジャパン・キャンペーン」(VJC)などにおいて訪日インバウンド数の拡大化が提唱された。また,2007(平成19)年,観光立国推進基本法(法律第117号)が施行された。この法律自体が「立国」という国家単位による観光振興を提起するようになった。さらに,2008(平成20)年,国土交通省の外局として「観光庁」が創設された。このような観光立国の基本理念は,「住んでよし,訪れてよしの国づくり」である。それは,地元住民が主体のまちづくりを前提とし,次にインバウンド数の拡大化をかかげ,最終的に,観光立国(国益づくり)に貢献するという考え方である。

つまり，マクロな一国を分母とするならば，ミクロな各地域を分子とし，地方創生が観光立国を実現すると捉える考え方といえる。(1)

(2) 地方創生における観光振興

2014年，「地方の人口減少」と「東京一極集中」という問題を関連づけ，とくに，地方創生のために「まち・ひと・しごと創生本部」が内閣府に創設された。大都市圏から若者らの地方への移住を促進させるための斡旋機能の強化や，都会の若者が一定期間，地方都市を支援する制度づくり，将来，地方への定住を増加させる対応策が求められている。とくに，日本を観光立国へと導くには，それぞれの地方都市が観光力を高めれば，見えざる手によって全体として観光立国の実現も不可能ではない。そこで，個々の地方都市においては来訪者を誘客するためのまちづくりが必要視されている。今日，全国各地で，地方創生のまちづくりの具体策が模索されている。

2. 観光の意義とおもてなしのにぎわい

(1) 観光の意義

1995(平成7)年6月，観光政策審議会が規定した観光の定義とは「余暇時間のなかで，日常生活圏を離れて行うさまざまな活動であって，『触合い，学び，遊ぶ』ということを目的とするもの」となっている。(2) つまり，観光をする側(観光客)の視点から，観光を規定して，① 時間的な側面(余暇時間)，② 空間的な側面(非日常生活圏)，③ 目的的な側面(触合い，学び，遊ぶ)からなるとした。現代観光の目的を充たすには，「見る(seeing)行為」から「行動する(doing)遊びまで」の多様な非日常的な体感・体験が含まれる。それゆえ，「見る，聴く，嗅ぐ，触れる，味わう」を持って人びとの五感へ訴えることが大切になる。

(2) 集客のにぎわいと混み合い

観光は人間の五感、「見る、聴く、嗅ぐ、触れる、味わう」へ訴求させる活動といえる。観光のにぎわいはビジネス街の高層ビル群の人口密集、ラッシュアワーの車内の混み合い、さらに、デパートやスーパーなどのエレベーター内での身動きができないほどの混み合いとは異なる。混み合うとは一般に、人数・量の多寡を基準に判断できる。しかし、にぎわいとは「そこにいるだけで何らかの『ときめき』や『きざし』が感じられる情況や雰囲気がある(3)」とされる。つまり、にぎわいは「ときめき、きざし」という五感で持って感動できるか否かといった質的な感動の度合いが尺度となる。人間が感動するには数量ばかりでなく、質も加わらねばならず、主観的な体感・体験となる。つまり、おもてなし力はモノ(ハード)という「空間・資源・施設・設備」、また、コト(ソフト)という時間に基づく「企画・演出」といった仕掛け、イベント、さらに、ヒト(ヒューマン)という人間である「ヒト対ヒトの立ち居振舞い」が三位一体で具現化されると感動が高められる。とりわけ、人間自身がヒトに最大限の感動を与えられ、リピーターを創造するパワーとなる。

3. 観光資源における「モノ・コト・ヒト」とおもてなし

(1) モノ・コト・ヒトとは

表7-1のように漢語の「物」とは古くから「事・者」を含めた「天地間に存

表7-1　食ビジネスの「モノ・コト・ヒト」の分類

モノ ハード	有形な物体:食空間:店舗・施設・室礼、食具・食材・料理品などの可視的な物体
コト ソフト	時間の経過とともに展開・進行する出来事:行事・祭・イベント、食材の調達・調理・配膳システム、安全・安心システムなど
ヒト ヒューマン	食ビジネスのヒトそのものの人格・品格:料理人の品質・接客スタッフのおもてなしの心、気配り、心配り、目配り

在する一切のモノ[(4)]」を包括する。現実に天地間の万物・森羅万象にかかわる一切が「モノ」と考える傾向がある。今日，3つの用語自体はすべてモノ化されてしまっている。しかし，一般的に，「モノ」（ハード）はおよそ形があって世に存在し，五官に触れてその存在が視覚にて判る有形な物体である。「コト」（ソフト）は「ヒトとヒト」，「モノとモノ」とのかかわり合いによって，時間的に展開・進行する「出来事」「行事」「事件」などのことをいう。「コト」は「時間の経過とともに進行する行為をいうのが原義であるのに対し，モノは推移変動の観念を含まない[(5)]」といえる。さらに「ヒト」（ヒューマン）は「大物」「大人物」というように「モノ」あるいは「前者・後者」となり，「コト」にもなる。しかしながら，「ヒト」は，智者・仁者などのように特定の人格的存在であり，「モノ・コト」とは明らかに異なる。それゆえ，観光を考える際，「モノ・コト・ヒト」という三分割の区分が有効となる。

(2) 観光資源と観光対象

　観光における目的的側面においては「触合い，学び，遊ぶ」という五感へ訴求する現象や行為を意味する。このような観光目的を達成するにあたり，それぞれの効果を生み出す源泉こそが観光資源といえる。一方，観光対象とは，観光客に観光体験・観光欲求を充足させる観光客体であり，それには「モノ・コト・ヒトすべて」が含まれる。それゆえ，五感へ訴求できる観光資源とは観光対象となり，「モノ・コト・ヒトすべて」を意味する。観光客のニーズを充たす観光資源とはその時代背景，その場でしかないという固有性，独自性，真正性が強く求められる。

　表7-2のように観光地へ観光客を呼び寄せるには保有する観光資源を観光対象化させることが命題となる。2007（平成19）年に制定された観光立国推進基本法によれば，観光資源を意味する条文として，「第3条　国は，観光資源の活用による地域を生かした魅力ある観光地をはかるため，史跡，名勝，天然記念物等の文化財，歴史的風土，優れた自然の風景地，良好な景観，温泉その他文

表7-2　観光資源の類型化

自然観光資源 モノ	自然景観・保養	山岳，火山，草原，海岸，湖沼，温泉，洞窟等
	気象条件	気温，湿度，日照，月光，雲海，風雪等
	動植物	希少動植物，珍獣，漁礁，狩猟地，紅葉，森林等
人文観光資源 モノ・コト	歴史・文化	古代人化石，遺跡・遺物，寺院・庭園，伝統工芸
	伝統・芸能	年中行事，祭，風習・慣行等
	観光対象施設	現代建造物，交通・通信施設，科学技術，スポーツ施設　ショッピング・モール，テーマパーク，カジノ等
人的観光資源 ヒト	故　人	歴史的人物の身代わりとなって演じる役者・語り部，文化を継承・保護する人びと等のパフォーマンス
	現代人	文化人，学者，科学者，アスリート，芸能人，大道芸人，観光ボランティア等のパフォーマンス

出典：山上徹『現代観光にぎわい文化論』白桃書房，2005年，10頁参照。

化，産業等に関する観光資源の保護，育成及び開発に必要な施策を講ずるものとする」とある。このように観光資源とは，一般に自然観光資源（山岳・海浜・公園の景観や動植物，温泉など）と人文観光資源（有形・無形の文化財，埋蔵文化財，民族資料・記念物，年中行事など）とに分類している。

　多くの国・都市ではそれら以外に，人工的集客施設をはじめ，いまだに埋もれている多様な観光資源が存在し，その再発見なり，開発・創造なりが求められている。

　本章では，観光対象となる可能性のある観光資源を「モノ・コト・ヒト」の3つの視点から捉えることにしたい。まず，来訪者に対し，長い年月のなかで自然が創造してきた自然観光資源がある。また，人間が構築し育んできた文化である人文観光資源がある。さらに，見る人びとの存在を意識したヒトそのもののパフォーマンスが観光対象となり，人的観光資源が存在する。この人的観光資源こそが見る観光客にとって最も高い満足を充たし得る資源と評価したい。このように観光資源は自然観光資源，人文観光資源，さらに，人的観光資源の3つに分類できる。

1) 自然観光資源（モノ）

自然観光資源とは観光対象となる自然そのものをいう。それは一般に山岳，高原，湖沼，海岸，渓谷，動植物の生態系，さらに温泉などである。自然は四季折々の季節の変化により，観光資源の価値を変え，観光客にさまざまな感動を与える。

2) 人文観光資源（モノ・コト）

人文観光資源とは人間がつくり出した文化である「モノ・コト」そのものをいう。この資源には有形な史跡，遺跡，寺院，庭園，また，歴史的な町並み景観や伝統芸能，年中行事，さらに観光対象施設などが含まれる。とくに，年中行事，祭などの無形な人文観光資源は多くの人びとに対し，感動を与えるという点では観光対象となる。

3) 人的観光資源（ヒト）

本章では観光資源を単なる自然観光資源や人文観光資源だけとは考えていない。それらの「モノ・コト」を介しながらも，ヒトがヒトの五感へ訴求できる対象となるので，観光資源となる。つまり，観光資源には「ヒトのパフォーマンス」という人的観光資源が存在する。

以下で，人的観光資源について詳しく述べることにしたい。

4．人的観光資源（ヒト）の五感へ訴求するおもてなし

観光資源とは単に視覚・聴覚によって「見て，聞いて学ぶ」をするだけなく，五官を総動員させて「触合い，遊ぶ」などの目的をも充足する行為といえる。とりわけ，臨場感あふれる「遊ぶ」を堪能するにはヒトそのものの介在が必要不可欠となる。観光とは非日常生活圏という異なる時空間において人びとが五感へと訴求する体験・体感が含まれる。

(1) 歴史的人物のパフォーマンス

　人的観光資源とは，たとえ故人であっても現存する役者や語り部などの演技・パフォーマンスにより，見る人びとの五感へと訴求できる。「ヒトに歴史あり」「歴史にヒトあり」というようにヒトの歴史はストーリーとして演出ができる。とくに，メディアを通じて観た映画，テレビ・ドラマなどの歴史的登場人物の身代わりとなる演者・役者のパフォーマンスが観光対象となり得るゆえに，ヒトそのものが観光資源として評価できよう。

　京都では平安絵巻に登場する歴史的に著名な多くの女性らがいる。たとえば，上賀茂神社(賀茂別雷神社)および下鴨神社(賀茂御祖神社)の例祭である京都の三大祭のひとつである葵祭を事例に人的観光資源を考えることにする。5月15日，路頭の儀(行列)では葵や桂の葉で衣装や牛車を飾り，勅使を中心とした本列と齊王代を中心とした女人列が登場する。現在，齊王代は主に京都在住の未婚の女性から選ばれている。現在の葵祭の行列のなかでも，御腰輿(およよ)に乗った「齊王代ばかりが注目されています[6]」と，祭全体の行列のなかでも齊王代が主役となり，集客力を高める存在である。それは祭という人文観光資源からの評価よりも，齊王代自身は平安絵巻に登場する華麗な女性のごとく，観光対象として多くの人びとへ感動を与え，ヒトそのものが注目されている。

(2) 現代人によるパフォーマンス

　現代人そのものが集客力を発揮し，人びとへ感動を与える観光対象になる。現存するヒトのパフォーマンスこそが高質なる非日常的な体験・体感を創造できる。とりわけ，スポーツ大会などの各種大会をはじめ，企業や各種の団体組織における会合や学会などの国際会議，さらに，企業や国・都市などの振興を促す見本市や展示会，各種イベントやフェステバルなどで見る人びとが感動という価値を決定する要素となる。とくに，出演・演技する文化人，アスリートや著名人などは人的な観光資源といえる。見る人びとに感動を与えている点では，歴史的人物や現代著名人等を問わず，人間そのもののパフォーマンスが付

加価値を創造していれば、それは、人的観光資源といえよう。

5. 観光立国と地方都市の創生のおもてなし

(1) マクロよりもミクロの地方都市から

　21世紀の日本経済を牽引するリーディング産業は，観光ビジネスといえるであろう。その場合，観光ビジネス自体は都市の分子内の各原子となる。この原子が都市の観光力を活用し，見えざる手に導かれて観光立都の実現，さらに観光立国へと導くことになる。このミクロな原子には旅行業，交通業，食ビジネスの料理飲食業・宿泊業，アミューズメント業，土産品業，観光関連サービス業等という裾野の広い複合的産業群がかかわっている。

　観光立国へと日本を誘導するには，個別の地方都市がそれぞれ観光力を創造して「観光立都・観光立町」などになることである。これらのビジネスを集合したマクロなおもてなし力が都市，国家，世界の経済・社会・文化の発展を可能とする。

(2) マーケティング戦略の必要性

　海外から外国人を誘致するには国内観光と異なり，各地方都市の問題と同時に，国家レベルの問題が含まれ，国単位からの観光マーケティング戦略が必要不可欠である。マーケティングの市場創造の原則は「売りたい商品」ではなく，「売れる商品づくり」にある。このような重点的な誘客市場に対し，各地方都市がインバウンド誘致を効果的に進めるためには，対象市場動向や観光客のニーズを把握し，それに対応した自都市のポジショニングや観光商品づくり，広報・プロモーション活動等をどのようにするべきかが大切になる。

　海外への誘客戦略を策定するには，マーケティング技法におけるマッカーシー(E. J. McCarthy)の統制可能な4P，いわゆる商品戦略(product)，価格戦略(price)，流通戦略(place)，プロモーション戦略(promotion)に関するマーケテ

第7章　観光まちづくりと地方創生のおもてなし

表7-3　まちづくりにおける「協創と共創」の違い

	協創関係	共創関係
主体	行政主導（第3セクター）	ステークホルダー
おもてなしの目線	上から目線　Win-Loseの関係	対等な同じ目線　Win-Winの関係
指示・命令	トップ・ダウン	ボトム・アップ
資本	公共投資・外部資本	内発型開発・地元資本
開発	ハード・大規模な箱モノ	ソフト・人材育成
環境	環境負荷・公害	環境共生・持続可能な発展

出典：山上徹編『ホスピタリティ・ビジネスの人材育成』白桃書房，2012年，125頁。

ィング・ミックス（marketing mix）が必要不可欠となる。しかし，多くの無形な観光ビジネスのおもてなしには，さらに接客スタッフ（contact personnel）の接客態度というおもてなしの適否，とくに，観光客自身の参加（participation）をも含めた6Pを追加し，マーケティング戦略を考えねばならない。

日本の地方創生へのマーケティング戦略には標的市場を絞り込み誘客活動することが必要である。その場合，人口13億人の中国をはじめ，急激に経済成長しているアセアン諸国，さらに新たに，潜在力の高いイスラム教諸国への観光市場の開拓が必要不可欠であろう。

(3)　まちづくりにおける住民との共創関係

近年，地域社会では市町村合併をはじめ，広域的な連携が進行している。まちづくりには地域のステークホルダーとの連携が必要になる。そのためにはステークホルダーとの信頼関係を深め，共存共栄というWin-Winのおもてなしが配慮されねばならない。

表7-3のように「協創と共創」は本質的に異なる。協創とは「住民・産業・行政」の参加によるとしても，行政主導の考え方で実施されている。行政は住民をはじめ，観光ビジネスなどとの間では必ずしも対等な力関係ではない。行政主導の協創では，ステークホルダー同士が同じ目線でなく，上位に位置しが

ちであった[9]。

しかし，本書におけるおもてなしとはすべての主体が対等になる共創関係を追求している。各種のステークホルダーとの Win-Win の同じ目線の共創社会を前提とする。それはヒト対ヒトとの触合いや交流，相互間の信頼関係を重視している。一般に弱い立場である住民からのボトム・アップをも配慮し，とくに，住民の参画型の共創に基づく「住民・産業・行政など」との三つ巴の「まちづくり」が実現されるべきであろう。

(4) 観光客との共創のまちづくり

表7-4のように地方創生の「モノ・コト・ヒト」のおもてなし力が存在する。最近，観光先の地方(地元)が主体となり，地元の良さをアピールし，観光プランを組み立てる「着地型観光」と呼ばれる新たな観光スタイルが増えている。たとえば，原風景を求めて，田舎の農家・民宿に滞在する観光形態が増えている。来訪者はその地方の景観を愛し，その地元の食材を好み，地方のヒトとの交流を求めている。来訪者と直接かかわり合いを持つ人びとのパフォーマンスはもちろん，身近な一市民の生活空間が観光対象となる。現地の人びとを交えて語り合う機会はいつまでも来訪者の記憶に残り，感動を与え続ける強力なパワーとなる。観光地では未知の人びととの交流・出会いが大きな感動を与え，

表7-4 地方創生の「モノ・コト・ヒト」のおもてなし力

モノ (ハード)	①地方の風土に根ざした高質な観光資源の有無 ②自然環境と共生する景観・たたずまいの良否
コト (ソフト)	③五感へ訴求するイベント，アトラクション，年中行事などの良否 ④他の地域や観光ビジネスなどとの連携の強弱 ⑤地元のブランド・イメージの質の高低
ヒト (ヒューマン)	⑥住民の参画意識・組織力の強弱 ⑦観光ビジネスの接客スタッフのおもてなし力の質の高低 ⑧観光ボランティア，住民のおもてなしのパフォーマンスの適否

出典：山上徹『現代観光・にぎわい文化論』白桃書房，2007年，23頁参照。

とくに，どんな人びとがそこに住んでおり，どのような文化を育んできたかということが来訪者の関心事となる。とりわけ，来訪者と住民とのツー・ウェイ・コミュニケーション（two way communication）という双方向による交流・触合いのおもてなしが適切であれば，より高い感動・感銘を与える観光対象となるであろう。

　要するに，地方の住民は一方的に，「もてなして上げている」という上から目線の意識ではなく，「来訪者と共に楽しみ合う」という双方の共創関係が大切である。来訪者との共創関係が実現できれば，その地元の良き理解者となり，その地方へのリピーターになると同時に，好意的な口コミで新規のお客を増やすことにもなろう

6. 地方創生の「道の駅」と再生の「地元商店街」

(1) 道の駅の発展

　旧建設省と地方自治体の協力で，1993（平成5）年，全国で103カ所の道の駅が開設された。鉄道が廃止された地方ではドライブ観光が普及し，休憩施設が必要となった。道の駅は一般道路という線上の休憩機能の「点と点」を結ぶ役割として登場した。近年，道の駅が見直され，その追い風の要素として，カーナビの普及，高速道路にETCカードの割引制度，野菜高騰，さらに，美味しいご当地グルメが食することができるとの口コミなどもあり，道の駅のおもてなしに人気が高まってきている。

　当初の道の駅の機能とは，次のような三要素を基本に設置されていた。
①駐車場の確保
②24時間使用可能なトイレ，電話
③軽食・飲み物などの物品販売

　道の駅は当初，自動車利用者を中心とした休憩所という空間提供に過ぎなかった。しかし，近年，道の駅は，多様化し，次のような3つの機能を提供して

いる。⁽¹⁰⁾

①休憩機能
②情報発信機能
③地域の連携機能

「道の駅」は，いまやこの3点セットを有する多機能な施設となっている。つまり，休憩施設⇒地方連携⇒地元と一体化⇒地方創生化という多様な役割を果たしている。道路利用者への情報提供をはじめ，地方の文化・名所・特産物などを提供するようになった。また，最近，日本人の多くは海外旅行を控え，全般的に「安・近・短」という節約志向になっている。道の駅の立地は大都市近郊にあり，遠くの観光地へ行くより気楽さと利便性の強みがある。出かける際も，小グループ，家族単位のドライブ観光の時代となっている。手軽に非日常体験を楽しめるよう，その地方都市の特性を活用した体験型観光が歓迎されているようである。

(2) 道の駅の創生

近年，ドライブ観光の核・個性あふれる道の駅の立地が増加しており，道の駅は，地元の物産館となっている。もはや単なる点ではなく，道の駅を起点として面的な広がりが見られる。経営努力によって道の駅を拠点とし，その地方独自の体験，とりわけ，地元の産物，特産品を販売することで，地方経済の活性化の拠点としてビジネス・チャンスが拡大化している。来訪者の滞留時間を長くするには，たとえば，バーベキューや各種のイベントなどを開催する。道の駅では地方振興策，地元の農産物などの販売量を拡大し，地方創生させるおもてなし策が推進されている。

道の駅では道路管理者の国（地方整備局）や都道府県が基本的施設（駐車場，トイレ）を整備し，市町村・公的な団体（第三セクター）が商業施設を設置するという「休憩プラス地方振興」との両面から計画・整備されている。このような道の駅としては，①鉄道駅舎併設，②鉄道駅前設置，③高速道路のハイウェイ・

オアシス併設，④サービスエリア・パーキングエリアと一体運営，⑤みなとオアシスと重複，⑥海の駅と重複など多様化し，全国に約1,000カ所が設置されている。

　かつての鉄道駅と同じように「地方の核」となり，また，それが道路を介して「地方都市間の連携」，地方都市間を相互に結びつける拠点となり，さらに，「地元産品の販売による地方振興，まちおこし」をしたいという行政の思惑が絡んでいる。実質運営を第三セクターや民間に任せ，自治体が赤字補填しているケースが多い。

　道の駅が収益を獲得すると，地元商業の圧迫と批判されがちである。他方，赤字になれば税金の無駄遣いと批判される。しかし，道の駅が赤字では税金の無駄であることはたしかである，それに対し，黒字では地元商業を圧迫していると批判するべきであろうか。商店街と道の駅とは基本的に双方が棲み分けし，共存共栄することが望まれる。

(3)　地元商店街の再生

　農林水産省の視点から，道の駅を支援するのは，「地元の農業の振興」「就業機会の確保」につながる。しかし，反面，既存の商店街における小売業者，食ビジネスの販売機会を減少させている。商店街がシャッター通りと揶揄されているように地元の商業活動を圧迫する結果ともなっている。

　社会主義でも競争時代のご時世，民間であっても公共であっても競争し合うことが資本主義社会の前提条件である。その場合，施設などのハード面の整備費用などの格差だけをもって，地元の商業の圧迫と結論づけるべきではない。ハード面の優位性だけであれば，中長期的には陳腐化が起こるので，競争の逆転が可能な時期が到来する。つまり，地元の類似の商業施設，食ビジネスでは，今まで以上に経営努力をし，ソフト面，ヒューマン面からの差別化の工夫をし，とくに，顧客ニーズに一致するようなおもてなしやマーケティング戦略を展開できれば，再生は不可能なことではないであろう。

(4) 地方創生の資源の再発見

　地方創生のまちづくりとは，それぞれの地元固有な独自文化の魅力を見つけ出し，それを観光商品へと高める開発戦略が必要になる。地元固有な独自文化の魅力の再発見には，次のような視点が必要になる[11]。

　① 観光資源や地元固有の食材，食空間として何が存在するか。
　② 観光資源や地元固有の料理法の再生・創生すべきものはないか。
　③ 地元固有の料理人や接客のおもてなしがあるか否か。
　④ 地元住民のおもてなし力が高いか否か。

　地方創生のまちづくりの原則は，ハードな箱モノの開発というよりも，むしろ地元と観光との両輪稼働によって「身の丈，身の程」という「その力に見合った機能と規模が前提」となる。まちづくりのソフトの面から小さな地域社会だからこそできる，「ヒトとヒトとのきめこまやかなふれあい交流」[12]が大切になる。とくに，自立・持続する地元の枠組みから，「身の丈，身の程」の抑止力とし，個性的で独自性の高いまちづくりを考えるべきである。まち自体の魅力を高めて「住民の生活を快適にする目標を実現する。さらに，その魅力を観光資源としてまちの魅力を訪問者に見せる目標につなげる」[13]。とりわけ，地方創生のまちづくりには来訪者と住民とが，五感へ訴求する感動的な交流や地元の文化との触合いとなる仕掛けづくりが必要となる。

　現代の成熟社会では，こだわりや固有性が評価される時代となっている。「ホスピタリティ・マインドのある都市は発展する，ヨソ者が集まり，新しいアイディアを持ち込むからである」[14]。しかし，この基本は，来訪者が訪ねて楽しく，魅力あふれる土地柄だと認識し，さらに住んでみたくなるか否かである。まちづくりが実効性あるものになるには，地元住民(ヒト)自身が，地元の良さを知り，地元に誇りと愛着があるか否かである。換言するならば，地元を故郷とする人びとが，まず「住み続けたい」「自慢したい」「誇りにしたい」と思うことが大切になる。

(5) 地方創生・再生の人材の必要性

　まちづくりには，地方を創生するための行動指針を共有する人的資源の存在が必要不可欠となる。「まちをおこす」には，観光ビジネスの「ヒトづくり」の適否が地方創生の成果として表れる。地方創生のまちづくりの秘訣には，幅広い人びとの参画や行動が加わることが必要になる。独自性のあるまちづくりには，従来とは異なる新たな目線が必要となる。たとえば，目線の異なるヨソ者，若者，バカ者(奇想天外な発想力)などの人的資源が求められる。その基本とは，表7-5のように地元を何とか，元気にしたいと願う住民の郷土愛，新しいものにチャレンジするという行動力などを有する複数の人びと，七人の侍(ヒト)が求められる。地方の創生を願って力を振り絞って頑張っているやる気のある人びとの存在，「燃える人びと」が必要不可欠となる。だがしかし，「いうは易く，行うは難し」である。現状は考え方に賛同し，汗を流して活動に参画している人びとは，限られた一部の地元住民に過ぎない場合が多い。一般的に，このような状況下で地元住民の参加と公言している場合が多い。たしかに，複雑で多様化している現代，地元住民の意識を共通の目的に向けて結集することは至難のワザである。観光ビジネスへの地元住民の参加意識の醸成には日頃の

表7-5　地方創生の行動指針と人材（七人の侍）の必要性

行動指針（五箇条）	多様な人材（七人の侍）
①個性ある目標を決めよう。	①発案者（こういうことをやったらいいのではという人）
②足元を見つめよう。	②同調者（一緒になって進める人）
③周辺を見わたしてみよう。	③リーダー（牽引する人）
④実践のための手段を探そう。	④仕掛け人（調整する人）
⑤全体計画を評価してみよう。	⑤推進者（汗をかく人）
	⑥後援者（側面から協力してくれる人）
	⑦仲立ち人（世のなかの動きをもたらしたり，逆に外に発信してくれたりする人）

出典：国土交通省総合政策局事業総括調整官室『地域づくりの秘策』ぎょうせい，2002年，99頁より作成。

諸行事などの参加機会を積み上げ，継続することが大切である。自らの地方創生に責任と自覚を持って主体的，積極的に取り組む人材や組織づくりには何よりも地元住民，食ビジネスなどの観光関連サービス業者，各観光組織機関，行政及びNPO法人などのステークホルダーが根幹となるべきであろう。

注
(1) 山上徹『観光立国へのアプローチ』成山堂書店，2010年，78頁参照。
(2) 運輸省運輸政策局観光部『観光立国への戦略』日本観光協会，1995年，15～16頁。
(3) 相原憲一編著『にぎわい文化と地域ビジネス』春風社，2004年，17頁。
(4) 廣松渉『もの・こと・ことば』勁草書房，1985年，5頁。
(5) 同上書，7頁。
(6) 佛教大学編『京都の歴史Ⅰ』京都新聞社，1993年，249頁。
(7) 山上徹『観光の京都論』学文社，2002年，48頁参照。
(8) 山上徹『観光立国へのアプローチ』，55～56頁参照。
(9) 山上徹編『ホスピタリティ・ビジネスの人材育成』白桃書房，2012年，124頁参照。
(10) 関満博・酒本宏『道の駅／地域産業振興と交流の拠点』新評論，2011年，14～15頁参照。
(11) 観光魅力づくり研究会『一地域一観光への道しるべ』ぎょうせい，2004年，8頁参照。
(12) 同上書，32頁。
(13) 安村克己『観光まちづくりの力学』学文社，2006年，134頁。
(14) 宇沢弘文・國則守生・内山勝久編『21世紀の都市を考える』東京大学出版会，2003年，179頁。
(15) 国土交通省総合政策局事業総括調整官室『地域づくりの秘策』ぎょうせい，2002年，99頁参照。

第8章
文化の伝播のタイム・ラグと食のおもてなし

1. 日本文化の特色

　世界の歴史は戦争の歴史であったと同じように，異なる文化間の交流・接触の歴史でもあった。日本は昔から海外の文化を受容しつつ，変容して発展してきた。「日本は周囲から孤立した『島国』などでは決してない。日本列島はむしろ，アジア大陸の北と南を結ぶ，弓なりの架け橋であった。[1]」海は人びとの往来を隔てるものではなく，「モノ・コト・ヒト」のにぎわう交通路の役割を担った。日本海は大陸と日本との間の内海であり，大陸の陸橋である朝鮮を主たる海上ルートとして文化が渡来した。また，東アジア地域，さらに，遠くは欧州からも絶え間ない文化の渡来があり，その文化の洗礼・刺激を受容してきた。日本は歴史的に，最も先進的な国々から文化を吸収し，受容してきた。たとえば，古代には中国・朝鮮から儒教・道教・仏教などを受け入れ，大航海時代にはポルトガルやスペインの文化，さらにオランダの文化を，明治期以降では欧米の近代文化を積極的に受容してきた。日本へ持ち込まれた文化を長い年月の間に独自の日本文化として焼き直し・発酵させてきた。「さまざまな文化的特色が重なり合う多重な構造が生み出され，その重なり合った文化的特色が相互に影響し合うなかから，特有の多様性や柔軟性が生み出されてきた[2]」のである。このように日本の文化の形成は，異文化との交流・接触の歴史であった。

　本章では，文化を広義に捉え，食文化とは物質的文化(モノ)，制度的文化(コト)および精神的文化(ヒト)という3つの要素に大別する。このような食文化

が他の国・地域へと伝播する際，文化の要素間においてどのような時間差を生じるものかを考察する。つまり，「文化の伝播のタイム・ラグ」(cultural lag)がどのような要素間で起こるか。また，食文化において，日本固有のローカル性の高い要素とは何か。さらに，食ビジネスの日本のおもてなしがどのような文化要素であり，その固有性には，いかなる魅力が内在しているかについて考察することにしたい。

2. 文化の定義と文化要素の伝播

(1) 文化の定義

文化は，一般的に「ある社会の一員としての人間によって獲得された，知識・信仰・芸術・道徳・法およびその他の能力や習慣を含む複合体」[(3)]である。この広義の文化は，自然そのものとは異なり，人間が手を加えて価値を創造したものである。つまり，ある特定の社会(集団)の成員によって後天的に習得され，伝達され，共有され，そして認知されている生活・行動様式(モノ・コト・ヒト)の総称といえる。

(2) 文化の要素

本章では文化を広義に捉え，表8-1のように「文化の要素」を3つに区分することにしたい。まず，「モノ」の物質的文化は自然環境や有形な財貨となる。それは形状・性能を変え，進化する可能性が高い。また「コト」の制度的文化は物質的文化に適合するような方法やシステムである。さらに「ヒト」の精神的文化は人間の精神的な心で感知する度合いであり，表層・外面から深層へと深化させることができる。言い換えると，まず，物質的文化はHouseという家屋を意味する。また，制度的文化はHomeという家庭・システムとなる。さらに，精神的文化はFamilyというヒトとヒトの心の触れ合いとなる家庭的な絆を意味する。それらすべてを包括した総称を文化ということにする。

表 8-1　広義の文化（物質的文化，非物質的文化）の要素

	要　素	狭　義	伝播の速度	特　徴
モノ（ハード）	物質的文化 (house)	物質文明	最も速い	形のある見える道具・機械・技術・交通・通信手段などの有形財
コト（ソフト）	制度的文化 (home)	非物質文化	比較的緩慢	社会生活を営む上での慣習・法規範・言語，サービス，マナー，タブー
ヒト（ヒューマン）	精神的文化 (family)	非物質文化	最も遅い	学問・思想・芸術・道徳，おもてなしの心，ホスピタリティ・マインド

出典：山上徹「文化の伝播と精神的文化の輸出」『関東学院大学文学部紀要第120・121合併号下巻』関東学院大学文学部人文学会，2010年，3頁。

(3)　文化の要素の伝播

　ある文化の要素が他の社会へと移動することを伝播(diffusion)という。文化の伝播は世界各地に成立した文化の統合過程をもたらす。それはある社会の人びと自体が発明・発見・日常化する内発的変化というよりも，むしろ，他の社会の人びとが創造した文化を借用・模倣する外発的変化を意味する。

　では，文化の諸要素を伝播させる主体とはどのような人びとであろうか。歴史的に文化運搬者(culture carriers)を担当してきた主体は，「留学生，お雇い外国人教師，外国人技術者，宣教師，さらに貿易商人，植民者，外国人旅行者・観光客，そしてときに軍人も外の文化から新しい文化要素を運んでくる。他方，これらの人びとが介在しなくとも，実物，書物，映画，ラジオ，テレビ電波，衛星放送などのメディアを通じて情報の移動によって文化の要素が伝播する」という。しかし，文化の要素がある社会へ伝播し，認知されるには時間の経過が必要となる。3つの文化の要素は，それぞれ同じ割合で，同じ速度をもって他の社会へと伝播するものであろうか。

(4)　文化の伝播のタイム・ラグ

　図8-1のように社会学者のオグバーン(William Fielding, Ogburn)は「近代文化の種々な部分が同じ割合で変化しないで，ある部分は他の部分よりももっと

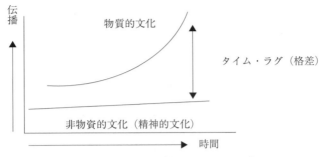

図 8-1　文化の伝播のタイム・ラグ

急速に変化する」という「文化のタイム・ラグ(遅滞)仮説」を提起した。「ある発見または発明によって文化の一部分がまず変化し，そしてその結果が他のある部分に変化が起こった場合は，しばしば文化の依存的な部分に変化が遅延して発生する」のである。この文化の要素間の変化には「文化のタイム・ラグ」という伝播の遅滞的なズレが生じるとした。文化は「一人あるきをするものではない。文化というものにはそういう力はないということです。文化が文化であるためには，かならずそれの装置，制度，組織としての具体化がなければならない。」

オグバーンは人間社会の産物である文化を物質的文化と非物質的文化という2つに大別した。その場合，有形な物質的文化だけが一人歩きするものではないとした。非物質的文化には物質的文化に対し，調整的な働きをする適合的文化(法律，規則等)がある。一般的に，両文化の間には相互依存関係が生じるので，前者の伝播は後者の変化(再調整)を引き起こす。つまり，物質的文化(モノ)はグローバル(global)に伝播できる。また，適合的文化である制度的文化(コト)はやや遅れて，やはりグローバル化する。しかし，精神的文化(ヒト)は，一般的にローカル(local)な現地固有のままの状態が続く。このようにグローバルとローカルが併存する現状を「グローカル」(glocal)と称している。

3. 文化の要素のグローバル性とローカル性

(1) 物質的文化の先行的伝播性

　表8-2のように文明と文化との違いを考えると，物質的文化(モノ)に該当する用語が文明となる。狭義の文化とは人間が自然とのかかわりや集団生活のなかで生み出し，伝え合ってきた生活の仕方やあり方の総称である。一方，文明（civilization）とは都会（civic）の生活，市民（civil）の社会からの技術的・物質的所産というラテン語の civilitas に由来する[9]。いわゆる，文明とは元来，都市の発達過程においてモノの豊かさを追求し，進化し続ける物質的文化が対象となる。物質的文化を意味する文明は，他の社会へ移植・伝播することが比較的に容易である。物質的文化である文明自体は普遍的，機能的，合理的であり，他の時間・場所へも容易に輸出入することが可能となる。

　今日，物質的文化(モノ)は，交通手段が発達し，多くの原材料や工業製品などが輸出入を通じてグローバルに移動できるようになった。とくに，日本の製造業は，物質的文化である世界各国の原材料供給者や顧客に対し，グローバルなモノの輸出入活動を行っている。

表8-2　文明と文化（狭義）との違い

文明 civilization	文化 culture
物質的，モノ	精神的，ヒト
都会的，市民	田園的，土地を耕す
技術的，手段	知的，目的
伝播の容易性	伝播の困難性
グルーバル化	ローカル化

(2) 制度的文化とサービス産業

　制度的文化とは社会生活を営むための規律・作業などにかかわるコトである。端的には，それは経済組織，社会制度における「コトをなす方法・システム」である。そのため，標準化，単純化，システム化による画一的・均一化の成果

を達成するサービス産業の販売活動が該当するであろう。この制度的文化(コト)のサービス産業も,現在,物質的文化と同じくグローバルな伝播が起きている。

　これら文化を産業構造から分類すれば,メーカーなどの製造業が物質的文化(モノ)という価値を創造し,一方,その生産された商品を販売・流通するサービス産業という制度的文化(コト)が必要となる。つまり,「販売方法・流通システム」を担当している第三次産業,いわゆるサービス産業が追従的に,海外進出するようになった。1980年代,日本メーカーが海外進出し,大量生産が可能になって以降,1990年代頃から日本のサービス産業などにおいて現地市場を開拓するために海外進出を果たした企業が多くなったといえよう。

(3) 精神的文化のローカル性

　文化とはCulture(英語),Kultur(独語)の訳語であり,元来,ラテン語のCultus(崇拝)という言葉に関係するCulturaに由来する。そのCultはラテン語で「住む,耕す,崇拝する」ことを表す。またureは「その結果として」を意味する。つまりCulturaとは,田園で土地を耕作(cultivate)することである。文化の語義は基本的に土地空間に根ざし,心を耕すという精神の開発を意味する。文化の3つの要素のうち,狭義の文化が精神的文化(ヒト)である。それは精神的所産に限定されるといえよう。この文化は目に見える有形なモノという

表8-3　制度的文化（サービス）と精神的文化（おもてなし）の違い

制度的文化（コト・ソフト）	精神的文化（ヒト・ヒューマン）
形式知は客観的に言語で共有化	暗黙知は個人的な主観的な経験
マニュアル化・文章化・均質性	勘どころ・コツ・神秘性
サービス・表層のおもてなし	期待以上・深層のおもてなし
言語化された明示的知識	言語化できない知識
表層・外観的な量・標準化	深層・内面的な質・異質性
モノに付随グローバル化	土地に根付きローカル化

出典：野中郁次郎・紺野登『知識創造の方法論』東洋経済新報社,2012年,56頁より作成。

よりも，むしろ視覚では感じられない人間の内面的な価値観で構成される。文化は哲学，宗教および芸術に対応する精神的所産であり，芸術，道徳，宗教に関する人間の価値観自体が「目的的」であり，田園的，精神的，知的なために伝播が困難である。

　たとえば，仏作って（文明）魂入れず（文化）のことわざのように物質的文化（仏）は文明であり，魂が精神的文化（狭義の文化）に該当する。それぞれの民族・地域・国家が独特のローカルな文化を生成してきた。しかし精神的文化は外部とは閉ざされ，固有の土地に根ざし，かつ，その栽培（culture）には細心の注意が求められる。精神的文化自体は，簡単に他へ移植・伝播させることはできない場合が多い。[10]

4．サービスの形式知と極上のおもてなしの暗黙知

(1) 制度的文化の形式知

　暗黙知（tacit knowledge）はハンガリーの哲学者ポランニー（M. Polanyi）の提唱した概念に基づく用語である。図8-2のように形式知（explication of knowledge）は，文章や図表，数式などによって説明・表現できる知識であり，

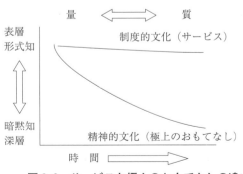

図8-2　サービスと極上のおもてなしの違い

それは制度的文化(コト)に帰属するものといえよう。形式知はマニュアル化した場合，多くのスタッフへ同時に伝える力となる。形となって「見える化」されるため，多くのスタッフが同時に均質に理解でき，客観的にも浸透可能となる。サービス産業のおもてなしは一般的に均質な対応を浸透させるために，それぞれの作業手順，マニュアル書等で形式知化して決まった型を習得する。このような職場では，マニュアルを作成し，形式知としてチームで共有化が行われる。しかし，マニュアルは表層的・一般的な最大公約数(平均値)の手引書に過ぎず，往々にして，マニュアルに記載されていないような想定外の事態が起こり得る。食ビジネスのおもてなしではヒト対ヒトの立ち居振舞いというパフォーマンスが要求されるので，マニュアル主義の形式知だけではお客から高い評価を得ることはできないであろう。

(2) 精神的文化の暗黙知

表8-3のようにヒトの精神的文化に帰属する暗黙知とは，個人の頭脳内部で「この状況下でどうすれば良いか」を直感的に悟り，最適な状況判断を下し，神秘的なおもてなしを行い得るか否かという知識である。それは長年，培ってきた経験や「ノウハウ」「直感」「勘」「センス」「ひらめき」などといった経験的知識である。端的に「ある時(コト)，ある場所(モノ)，特定のお客(ヒト)」において，最適な対応ができるか否かである。日本の食ビジネスの極上のおもてなしでは，「一期一会」という暗黙知のおもてなしにより，お客が期待している以上の感動を与えることが望まれる。

今日，人びとは経済合理性だけでは得られない人間性あふれるおもてなしの

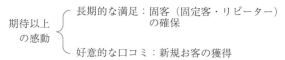

図8-3　おもてなしの期待以上の満足度に関する効果

出典：持本志行『顧客満足学』産業能率大学出版，1993年，113頁参照。

心を渇望している。とくに、食ビジネスでは不特定多数を対象とし、画一的・均一的な期待通りのサービスを提供するという形式知に基づくマニュアル主義ではお客を満足させられないであろう。

　サービスは期待通りであるが、極上のおもてなしはサービスの延長上の先の線上の上位の目標値といえる。図8-3のようにおもてなしが、お客が期待している以上のかなり高質なる暗黙知が提供されると、リピーターの確保や口コミによる新規のお客も獲得できる効果がある。食ビジネスのおもてなしには社員・スタッフが有する暗黙知と形式知のどちらか一方の選択肢ではなく、組織上、チーム力として形式知化し、相互間の共創関係を高め、それと同時に個人的な暗黙知をも深めるために、常に自己啓発により深化させる努力が求められる。[12]

5. 日本の食のおもてなしとタイム・ラグ

(1) 食文化の要素

　表8-4のように食文化とは、ある地方社会において共有されている食生活を通じ、体系化されている文化である。「食」を摂ることは人間が生きるための必須的な行為である。食文化は、先に述べた物質的文化(モノ)、制度的文化(コト)、精神的文化(ヒト)という3つの要素で構成されている。つまり、ある地

表8-4　食文化の伝播と拡散化

分類	項目	ローカル	グローカル	グローバル化
物質的文化 モノ・空間	場・室礼	国内・和室	和風・現地化	問わず・現地化
	食材	日本産	まがいモノ使用	まがいモノ使用
	食具	日本製	箸・類似品使用	類似品でも可
制度的文化 コト・時間	調理法	純和食	東洋・類似法	類似法
	食事法	正座を基本	椅子食可	立食も可
精神的文化 ヒト・人間	料理人	原則日本人	日本人指導有	東洋系現地人中心
	接客人	原則日本人	現地人	問わず

方社会で，その土地ならではの食材・食具(物質的文化)で食し，その共通した調理法(制度的文化)に対し，一定の共通する食の慣習やおもてなしを守り，提供する料理人・接客スタッフ(精神的文化)が存在することになる。

(2) 食のおもてなしの伝播

日本の食ビジネスにおける「モノ・コト・ヒト」にかかわるおもてなし文化が海外へと伝播するサイクルには，基本的に，次のような推移が考えられる。

1) 食のおもてなしのローカル

江戸期の鎖国時代は，外なるグローバル化への意識はあっても，国内では外国の異文化の流入の扉を閉め，内なる国際化を排除してきた。つまり，ローカルな国粋主義(Nationalism)の典型ともいえる，「日本人の，日本人による，日本人のため」というように，すべての「モノ・コト・ヒト」が日本国単位で賄われていた時代でもあった。とくに，食のおもてなしは，文化的・民族的な単位で閉鎖した状況，いわゆる「現地人の，現地人による，現地人のため」というよりも，一般的に日本人中心の考え方に基づいていた。

2) 日本の食文化のグローカル化

明治期以降，「ヒト」という精神的文化を温存しつつも，「モノ・コト」という物質的文化や制度的文化のグローバル化を日本では重要視してきた。物質的文化や制度的文化では外への扉が開かれ，モノやコトが開かれても，「ヒト」という精神的文化は自国の枠組み，ローカル性を堅持し，双方が併存するグローカルな時期が長く続いてきた。たとえば，まず，日本の食品(モノ)は自国産物や輸出入を通じ，それを加工して輸出し，グローバル化させてきた。続いて制度的文化である「調理法・コト」が伝播するようになる。しかし，日本国内の料理人とは「日本人による」ものだけであった。「現地人の，現地人のため」に物質的文化や制度的文化の食の強みが開花するに至ったが，しかし，「モノ・コト」は外国に居住する「日本人の，日本人による，日本人のため」というグローカルな時期もあった。その後，日本の食は物質的文化や制度的文化の強み

が認知され，次第に「現地人の，現地人のため」でも開花されるようなった。

3) 日本の食のおもてなしのグローバル化

　グローバル化は地球をひとつの塊として，個々の国や大陸，民族の集まりとしてではなく，この地球という星をひとつとする世界規模観をいう。自由競争を前提とした「グローバル化」というのは立体的な球の概念が提起される段階である。現在，日本の料理や日本の調理法等も世界中を駆けめぐっている。日本の料理の外へ向かうパワーは，グローバル化へと進化し，世界に浸透している。たとえば，「モノ・情報」などは，醬油や味噌でさえ，原材料の大豆まで遡れば，実に9割以上が輸入品に依存するグローバルな状況である。さらに，電気，ガスといったエネルギー源はもちろん，新聞，テレビなどのマス・メディアの情報なども外国間との受発信する度合いが増加し，グローバル化している。

　近年，日本では「食材」（モノ），「調理法」（コト）に続き，さらに，国家の枠組みを保持してローカルであった「精神的文化」（ヒト）のおもてなしまでも日本人のみならず，「海外の人びとによる，海外の人びとのため」にグローバルな移転をする時代を迎えつつある。しかし，日本の食を食する機会が多くなっても，「海外の人びとの主食」となるまでには普及していかないであろう。

(3) おもてなし文化のローカル性の保持

　日本のおもてなし文化がローカルなのは，米国大統領リンカーン（Abraham Lincoln；1809〜1865年）の名言，"Government of the People, by the People, for the People" のごとく，「日本人の，日本人による，日本人のための」といったローカルな考えが根強く存在しているためである。[13]

　しかし，日本の食の成長・発展のプロセスは一般的には，「ローカル⇒グローカル⇒グローバル化」という流れに沿って推移してきた。今日，日本の食を提供している場所や食材（モノ）はグローバルに拡散化し，また，「コト」として調理法については和風もどき料理が多くグローバル化している。日本料理の

ヒトの面では，国内外に，すでに日本人以外の料理人が多く活躍し，グローバル化しており，また，接客スタッフも日本人でない場合が多くなっている。食ビジネスの「モノ・コト・ヒト」のおもてなしは「外国人による，外国人のため」に提供されるようになったが，しかし，日本料理の真髄の真正性・固有性・ローカル性までも完全に伝承されている場合は少なかろう。

　日本の食を調理する日本人の特徴とは何か。まず，「手先の器用さは，料理人に非常に向いていると言えます。また仕事に対して非常に丁寧に取り組む姿勢は，料理やサービスに活きてきます。そして日本には昔から『おもてなしの心』と呼ばれる，他者をおもんばかる心遣い」[14]がある。とくに，後者の日本らしい固有性の高い精神的文化であるおもてなしの心が未だにこだわって伝承されている店舗が存在する。食ビジネスにおける日本のおもてなしの心は日本的，日本らしい無形な精神的文化であり，世界に対する一級品のこだわりの魅力があり，日本のお家芸であるといえよう。

　それゆえ，日本のおもてなし文化における人的態度はローカルな異文化性を保有しており，とくに，「海外の人びとによる」ではなく，「日本人による」，日本人自身からのこだわりの真正性・固有性・独自性が発揮されるべきものである。こだわりの日本料理では，外国籍の料理人から日本文化の良さを味わうのではなく，「日本人による」こだわりが大切であり，お家芸の優位性を今後とも，日本人自身がグローバルに発信するべきであろう。

注

(1) 網野善彦『日本論の視座―列島の社会と国家』小学館，1990 年，44 頁。
(2) 佐々木高明『日本文化の多重構造』小学館，1997 年，9 頁。
(3) 水野弘元・柴田道賢『宗教学ハンドブック』世界書院，1969 年，8 頁。
(4) 宮原一武『文明の構造と諸問題』近代文芸社，1998 年，139 頁。
(5) 平野健一郎『国際文化論』東京大学出版会，2004 年，66 頁。
(6) Ogburn, W. F., *Social Change, with Respect to Culture and Original Nature*, London, 1923.（雨宮庸蔵・伊藤安二訳『社会変化論』育英書院，1944 年，188 ページ。）

(7) 同上書，189ページ。
(8) 梅棹忠夫『京都文化論（梅棹忠夫著作集第17巻）』中央公論社，1992年，330頁。
(9) 筧文生・飛田就一『国際化と異文化理解』法律文化社，1990年，5～6頁参照。
(10) 水野潤一『観光学原論』東海大学出版会，1994年，85頁参照。
(11) 野中郁次郎・紺野登『知識創造経営のプリンシプル』東洋経済新報社，2012年，56頁参照。
(12) 山上徹編『ホスピタリティ・ビジネスの人材育成』白桃書房，2012年，26頁参照。
(13) 山上徹『現代交通サービス論』地域産業研究所，1996年，138頁参照。
(14) 子安大輔『「お通し」はなぜ必ず出るのか』新潮社，2009年，201頁参照。

第9章
日本の食ビジネスの海外進出とおもてなし

1. 日本の食ビジネスの海外進出の増大

　現代社会において経済合理性を最重視するビジネス業界では，究極的にはヒトの手を介さず，取引活動すべてを自動化・機械化することを追求してきた。表9-1のように業務の経済合理性には「ムダ・ムラ・ムリ」（3M）というダラリの法則がある[(1)]。そのためには，「整理，整頓，清掃，清潔，躾（習慣化）」という5S運動を持って職場のモラルを向上させねばならない。ビジネス業界の効率性の典型は，人件費などを削減するという期待に基づき自動化，ロボット化されたことであり，あらゆる分野で推進されたのである。

　日本企業のアジア地域進出としては，現在，メーカーばかりでなく，流通業，運輸，旅行，通信，金融，保険，コンサルティングなどのサービス産業が国境を越えて多様に広がっている。食ビジネスを中心に日本のおもてなしがアジア地域において受け入れられている。アジア地域では近年，日本のおもてなしを好む富裕層が多くなっている。

　本章では，日本企業ではメーカーの海外進出が増加しているというよりも，

表9-1　ダラリの法則（3M）

ムダ	供給が上回り，浪費	時間・場所・作業・在庫・調整・情報・管理・移動・重複
ムラ	バラツキが生じる	手順・品質・時間・管理
ムリ	目的に対し供給が下回る	計画・品質・価格・納期・工程・能力

出典：堀公俊『ビジネス・フレームワーク』日本経済新聞出版社，2014年，96〜97頁参照。

日本の食ビジネスがメーカーよりも比較的遅かったが，現在，海外展開しているのが目立つ。なぜに近年，食ビジネスの海外展開が増加しているのであろうか，その背景を考えてみる。また，アジア地域の人びとが，どのような消費性向に基づき日本の食ビジネスのおもてなしを受け入れているかを明らかにしたい。とくに，おもてなしを基軸とする食ビジネス内の飲食産業の海外展開には，どのような課題があるかについても考究する。

2. 日本のサービス産業の海外進出の類型化とおもてなし

(1) サービス産業の2つのタイプ

本章では，今日，サービス産業が成長・発展し，量・質的な観点からの相違として，2つのタイプに分類することにしたい。ひとつは画一的・均質的な経済合理性という量の追求を最優先するタイプのサービス産業で，それは制度的文化の範疇に属するサービス産業といえる。他方，丁重な心温まる日本のおもてなし文化を最優先するという質的な精神的文化の範疇に属するサービス産業がある。

その双方を含めた無形なサービスの国際取引には，同様に生産者と消費者の存在が必要になる。しかも，無形なサービス取引には，生産と消費の同時性という特性が同じように存在する。そのため，表9-2のように生産者あるいは消

表9-2 サービス（制度的文化・精神的文化）の国際取引の類型化

		生 産 者	
		移動なし	移動あり
消費者	移動なし	Ⅰのタイプ 国境貿易	Ⅱのタイプ 要素収益貿易
	移動あり	Ⅲのタイプ 現地貿易	Ⅳのタイプ 第三国貿易

出典：佐々波楊子・浦田秀次郎『サービス貿易』東洋経済新報社，1990年，11頁より作成。

費者が国境を越えて移動するか,あるいは国境を越えないで取引されるかによって4つのタイプに分類できる(2)。

(2) サービスの国際取引の類型化

①生産者と消費者は共に国境を越えない(国境貿易,タイプⅠ)

　これは輸出国で生産され,国家間取引を経て輸入国で消費される。たとえば,国際情報通信手段を介してサービスが輸出入される保険・金融サービスがある。

②生産者のみが国境を越えて移動する(要素収益貿易,タイプⅡ)

　これは消費国でサービス生産するためにサービス生産に必要な生産要素の一部が輸出国から輸入国へと国境を越えて移転・移動する場合である。従来から海運業・航空業・倉庫業などでは,有形財やヒトが国境を越えて移動するサービス提供を行っている。

③消費者のみが国境を越えて移動する(現地貿易,タイプⅢ)

　これは消費者のみが国境を越えて移動するサービス取引である。たとえば,観光旅行・医療・教育のサービスを受けるには現地へ移動せねばならない。

④生産者と消費者とが共に国境を越えて移動する(第三国貿易,タイプⅣ)

　これは海外の現地に営業基盤を設立し,進出国内よりも周辺諸国の人びとを対象に展開されるサービス取引である。企業と消費者が共に第三国へ移動し,経済取引がなされる場合である。

(3) サービス取引の海外との輸出入

　外国人が訪日することは,日本へどのような経済的効果をもたらすものであろうか。観光収支の視点から観光の輸入(支出)・輸出(収入)について考えてみる。

　前項の③の消費者のみが国境を越えて移動する(現地貿易,タイプⅢ)サービス取引では,「観光が世界の多くの国にとって国際貿易における最も大きい商品(3)」となっている。というのも,インバウンドした外国人が日本国内で物質的文化の消費,たとえば,お土産品購入代,飲食代などを費やす。また,宿泊費,

国内交通費，娯楽費，各種サービスなどといった制度的文化や精神的文化の範疇の諸費用を費やす。これらの消費額は「輸出貿易」と同じように日本国の収入となる。貿易上は「観光輸出」といえる。その逆で日本人のアウトバウンドによる海外消費額は「輸入貿易」と同じである。それは「観光支出」「観光輸入」となる。このことは訪日外国人のインバウンド数が多くなれば，国内消費額が多くなり，日本国の収入が増え，観光輸出額が増えたことになる。

　前項の③の観光客のみが移動するタイプ（現地貿易）の事例としては，最近，ニュー・ツーリズムといえる医療ツアーへの期待が高まっている。日本の制度的文化の範疇に属する医療技術・検査技術は質が高いというイメージがあり，外国人には魅力的なツアーとなりつつある。というのも，患者は入院期間中，もろもろの心溢れる日本のおもてなしが体験できる。さらに，訪日する機会を活用して治療＋観光という付加価値が追加されれば，素晴らしい医療ツアーが体験できる。このような医療ツアーの多くは，長期滞在で，かつ家族同伴となる場合が多く，この観光輸出の経済的効果は多額になる。

(4)　サービス産業の海外進出

　前項の②生産者のみが国境を越えて移動する場合には海運・航空産業のようにサービス生産要素が移動する（要素収益貿易，タイプⅡ）ばかりでなく，第三次産業自体が国境を越えて海外に営業基盤を設立し，サービス輸出している場合が考えられる。その事例としては，1985（昭和60）年9月のプラザ合意に伴う円高以降，日本のサービス産業の海外事業展開は目覚ましく増加するに至った。まず，日本のメーカーが輸出し，現地で大量販売するために，日本で開発されたマーケティング戦略を適応させることになった。その後，同様に流通業でも，アジア地域で資源開発をし，その開発した産品を輸入するという開発輸入をするようになっていた。しかし，20世紀末頃から多くの流通業は販売市場を求め，アジア地域，とくに中国へと出店した。さらに，続いて運輸，旅行，通信，金融，保険，建設，コンサルティングなどの多様な制度的文化に帰属するサービ

ス産業なども国境を越え，アジア地域へと進出するようになった。

3. 日本の食ビジネスのアジア地域進出とおもてなし

(1) 日本企業の食ビジネスの海外展開

　最近の日本企業の海外への進出先は，これまでのような中国一辺倒ではなくなった。中国では賃金高騰，反日リスク問題などもあり，アセアン諸国が進出先へと代わってきている。表9-3のように日本企業の中国への進出数は圧倒的に多いにしても，一方でタイ，インドネシア，マレーシア，さらに，メコン河流域等が増加してきている。とくに，生産拠点や消費市場として期待されているアジア地域ではメーカーばかりでなく，スーパー，コンビニなどの流通業，また，物流(宅配)，ファッション，金融，さらに，飲食チェーン店(外食，回転寿司，ラーメン店)などの食ビジネスも多くなり，多様なサービス産業が進出している。日本のサービス産業，とくに，食ビジネスの海外進出には，お客への満足を優先するだけでなく，さらに，その現地の人びととも共生・共存すると

表9-3　進出国別現地法人数と日本企業数　2013年現在

	進出先国	現地法人数	進出日本企業数
①	中国	6,276	2,833
②	アメリカ	3,394	1,674
③	タイ	1,956	1,402
④	香港（中国）	1,225	991
⑤	シンガポール	1,149	879
⑥	台湾	995	835
⑦	インドネシア	944	774
⑧	イギリス	858	499
⑨	韓国	855	689
⑩	マレーシア	841	638

注）1カ国内で複数の現地法人へ出資の場合，1社とする
出典：東洋経済新報社『国別編海外進出企業総覧2014』2014年，10頁より作成。

いう考え方が必要となる。

アジア地域で日本企業は現地企業などに対し，何を差別化要因としているか。次に，いくつかのサービス産業の海外進出事例を紹介しながら考えることにしたい。

(2) 加賀屋流儀のこだわりのおもてなし

日本旅館では伝統的な生活文化，コンテンツが凝縮されており，日本の手厚きおもてなしが提供できる。とくに，宿泊サービス業のなかでも，日本のおもてなし文化を継承してきた温泉旅館では心を癒す手厚いおもてなしが行われている。和倉温泉・加賀屋(石川県)ではこだわりの「加賀屋流儀」のおもてなしが実践されている。加賀屋流儀のおもてなしとは，たとえば，女将をはじめ，和服姿の客室係全員が勢揃いで「お出迎えとお見送り」をする。また，お客に寛いで頂くために仲居らが臨機応変に「五配り」を実践している。とくに，温かい料理は温かく，冷たい料理は冷たくを当然としながら，「おしぼり」，「お茶」，「布団」の心遣い，「食材，食具，盛付け」などがお客目線で提供されている。

台湾の「日勝生活科技」との合弁で加賀屋は 2010 (平成 22) 年 12 月，台湾の温泉発祥の地・北投温泉 (日勝生加賀屋) へ進出した。この動機は，台湾人が親日的であり，加賀屋では年間約 1 万人の台湾人が訪れ，加賀屋流儀の手厚いおもてなしを高く評価していたという実績があった。それが強い自信となり，台湾への進出を実現させた[4]。

加賀屋と現地パートナーである東南旅行社 (台北市) は台湾ばかりでなく，上海，北京および大連などに営業拠点を持っており，今後，加賀屋は中国や周辺諸国へと拡大展開を試みることであろう。

(3) ヤマト運輸のプラスアルファのおもてなし

一般家庭向けの「宅急便」(TA-Q-BIN) をアジア圏に広めているヤマト運輸は 2010 年から，日本と生活文化や交通事情が異なる上海・香港・台湾・シンガ

ポール・マレーシアなどアジアの5カ国・地域で宅配事業を展開している。中国の物流業界では国有の中国郵政速達物流，順豊速達をはじめ，また，民営大手の四通一達(申通快逓，圓通速逓，中通速逓，韵達快運，匯通快運)，加えて欧米の外資系物流業者などが入り乱れ，激しい競争市場となっている。中国の物流業者の特徴は「物流業はモノの運び屋」という従来からの概念を根底とし，「安くて早い」ことを謳ってきた。しかし，製品の品質(鮮度)の保持，配達時間などの適否までもは重視していなかった。とくに，中国では「配送する物流スタッフの態度」は二の次とされていた。ヤマト運輸では，現地の慣習に染まることなく，あえて「ヤマトの理念」を掲げ，こだわりのおもてなしを展開した。地元の物流業者との差別化には，単に「早い，安い」だけでなく，最適な鮮度が保持できるクール宅急便で時間帯指定プラスアルファとして物流スタッフの態度の良さをセールス・ポイントとした。

　日本のおもてなしとは「お辞儀・挨拶・笑顔」が基本であり，それを徹底させた。しかし，中国人スタッフに対し，荷物を届ける際，「笑顔で荷物を渡しなさい」と指導しても，なぜそのような時に笑顔が必要なのかさえも理解されなかったという。しかし，ヤマト運輸の物流スタッフの立ち居振舞いの良さが次第に口コミで認知され，価格面で地元業者の二倍以上であっても，付加価値の高いおもてなしというイメージが浸透し，リピーター客を増大させた。日本のおもてなしを差別化要因とするヤマト運輸に対抗し，近年，地元の物流事業者なども，お客目線の最適なサービスを提供するようになり，激しい競争市場の状況は変わっていない。

(4) ムスリムの食のハラルとニッチ市場の開拓
1) ムスリムの人口規模

　第12章にも述べるが，表9-4のようにイスラム教は，一般的に中近東の宗教というイメージが強い。しかし，実際のイスラム教徒の上位四位までの人口構成は，一位のインドネシア(2.05億人)，二位のパキスタン(1.78億人)，三位

表9-4　ムスリムの世界各地域の人口に占める割合　2013年現在

地域	地域人口(千人)	ムスリム人口(千人)	地域内ムスリム人口比率（％）	対全ムスリム人口比（％）
アフリカ	1,111,000	463,313	41.7	29.0
アジア	4,299,000	1,079,772	25.1	67.7
ヨーロッパ	742,000	44,914	6.1	2.8
南米とカリブ海	617,000	2,026	0.3	0.1
北米	355,000	5,824	1.6	0.4
オセアニア	38,000	497	1.3	0.0
合計	7,162,000	1,596,346	22.3	100.0

出典：店田廣文「イスラム教徒人口の将来推計」（第66回日本人口学会大会資料）2頁より作成。paj66th.web.fc2.com/abs/t2_1.pdf（最終アクセス：2014年12月26日）

のインド(1.77億人)，四位のバングラデシュ(1.48億人)と東南アジアや南アジアの諸国が占めている。その内でも，アセアン諸国の人口，約6億人の内でムスリム人口が約45％の2.8億人となっている。アセアン諸国ではムスリム市場を対象とした「ハラル・ビジネス」が可能となる。

2) ムスリム市場における食のハラル化の必要性

イスラム教ではムスリムが合法的に食することを許されるハラルと非合法で食べてはいけないハラムがある。つまり，ムスリムが来店する可能性がある飲食店内などでは豚肉料理，アルコール類(ハラム)などは販売できない。

たとえば，人口2.38億人のインドネシアでは，約2.05億人(86％)がムスリムである。ムスリムの市場規模は断食の時期があるが，おおよそ2.05億人×365日×3食がハラル・フードとなる。ラーメンを販売するには豚肉，豚由来の食材・調味料などは使用できないが，イスラム教の教えに則して解体・処理された「牛・鶏ラーメン」であれば，ハラルであり，食することが可能となる。また，肉・魚・卵・乳製品・蜂蜜など動物性食品を食しないビーガン(vegan：純粋菜食主義者)に対しては「塩ラーメン，みそラーメン」が適合する市場といえよう。

3) イスラム教以外のニッチ市場の開拓

　イスラム教の国々に対し，日本の食ビジネスが進出を考える際，ムスリムだけを意識するだけで良いものであろうか。たとえば，イスラム教のインドネシアとはいえ，ムスリムの人びとが生活しているだけではなく，多民族，多宗教の共存社会で構成されている。とくに，キリスト教徒で所得が高いインド系や中華系の住民も多く住んでいる。ムスリムの多いインドネシアでも，特定のニッチ市場(niche market：すき間)に狙いを定めれば，日本のおもてなしを優位にするラーメン市場が開発できよう。

　最近，日本の飲食店のアジア地域への進出が多くなっている。この場合，アジア地域の人びとが日本のラーメン店を選好するのはハラルかハラムか否かの宗教問題だけではなく，むしろ「スープ，麺，具」といったこだわりの食材・料理法をはじめ，お店の雰囲気，とりわけ，メリハリのある接客スタッフの「挨拶・お辞儀・笑顔」などといった日本のおもてなしという総合力が人気を博する差別化要因となっている。

4．日本人とアジアの富裕層との消費性向の類似性と異質性

　アジア地域の経済成長パターンはⅤ字型に編隊を組んで飛ぶ雁(flying geese)の群れのごとく，先発国・日本に対し，遅れて雁行的経済成長に参入したアジア地域の人びとの消費性向とは，本質的に異なるといえる。しかし，外国の人びとのなかにも品格があるヒトもいれば，品格の乏しいヒトもあり，一概に国単位，世代単位という峻別ができない面があるであろう。しかし，総じて，いえることは，その類似性と異質性を一応，以下のように，区分することが可能なのではなかろうかと考える。

(1) 類似性

　現在，日本人もアジア地域の人びとも双方共に企業の経済合理性の追求が蔓

延していることもあり，消費性向は基本的に，類似している。現代社会では大量生産される物質的文化があり，一方，それを大量販売するために，制度的文化であるサービスの標準化がなされている。そのサービスを提供する企業は不特定多数の顧客を対象とし，マニュアル化，均一化・画一化でもって効率性を追求している。究極的な状況には，ヒトと対面することを排除したコインを入れれば製品が出てくる自動販売機，さらに，アマゾン・ドット・コムのような通販サービスが行われている。そのように誰にも詮索されず，「無味乾燥なサービスをよし」とする人びとがいる一方，同時に，「丁重で細やかなおもてなし」を求める人びとが存在するという二極化現象が併存している。とくに，社会的地位を誇示したいとするアジア地域の富裕層は「極上のおもてなし」を求めており，その消費性向には二極化現象が見られ，それは日本人とも類似している。

(2) 異質性

1) 日本人の選好

日本の社会では，20世紀半ば頃から大量の「有形なモノ」が溢れ，経済合理性が蔓延する社会となった。その結果，多くの日本人がすべての文化をモノ扱いするようになった。時には精神的文化である人格さえも無視され，人間がモノ扱いされている。

そこで，このようなモノ扱いの反動として日本人の関心は人間そのものの覚醒，ヒトにしかできない分野，部門が再評価されるようになった。とりわけ，日本の慣習であった精神的文化である極上のおもてなしが「日本らしい」として衆目の関心事となっている。日本人自身，「日本人のこころ」である日本のおもてなし文化へと回帰するべきとの機運が高まっている。

2) アジア地域の富裕層の選好

日本のおもてなしを歓迎するアジア地域の富裕層は自己顕示欲や優越感を誇示したいとの願望が強く，富裕層の欲求は，一般的に「名声や世間的体面の基準なり，消費の基準なりは，すべて目にみえない等級によって，最高の社会的

金銭的階級(富裕な有閑階級)の慣習や思考習慣」に適合させようとするものである。アジアの富裕層は自己の社会的地位を誇示したいという欲求心から日本的な精神的文化を基軸とした極上のおもてなしを選好しているといえよう。

このようなアジア地域の富裕層の消費性向に対し，たしかに日本人でも，同様の消費行動をする人びとも存在する。しかし，多くの日本人は経済合理性に基づくモノ扱い社会からの反動もあり，個人を大切にするホスピタリティ溢れるおもてなしが求められている。それゆえ，日本人とアジア地域の富裕層との双方の消費性向は異質であり，本質的に差異が見られよう。

(3) 下から目線の従業員では長期的逆効果

1) サービス産業における下から目線の従者意識

アジア地域におけるサービス産業は現在のところ未だ途上の状況下にある。また，日本の食ビジネスの労働環境は，離職率の高い職種も多く，未だ成熟化しているとはいえない。というのも，日本では一般に，食ビジネスで働く人びとを従業員(employee)と称している。しかし，この名称ではお客あるいは経営者(主人)を上位の存在とし，現場で働く人びとは下位の従者(servant)たらんことを示唆とした用語ともいえよう。

つまり，業務に従事する従業員という用語は日本的経営における経営者(主人)あるいは時にお客に対し，従者(従事)という「上から下へ」の目線の対象者となる。つまり，それは上下関係・主従関係を前提にしている用語といえる。従業員という用語自体には会社組織の経営者(主人)あるいは時にお客に対し，従者として奉仕(滅私奉公)するという上下となる力関係が内包されている。

最適なホスピタリティを実践している著名なザ・リッツカールトンホテル(The Ritz Carlton Hotel)では企業理念が現場まで浸透するように文書カード「クレド」(credo)で「従業員との約束」(employee promise)という表現が使われている。一方，東京ディズニーランドでは従業員とは称さず，むしろゲスト(guest：来園者)に対し，すべてのスタッフ(アルバイトなどを含め)をキャスト(cast：出演者)

として一人一役が与えられ，相互に夢のあるステージを日々完成させようとする。後者では従業員という主従関係を連想する名称を基本的に使用していない。サービス産業を担う被雇用者すべては経営者をはじめ，お客とは対等な相互関係を前提とするべきではなかろうか。それゆえ，本書では被雇用者を上下関係を連想させるような従業員と呼称せずに，社員・スタッフ (staff) と称することにしたい。

2）過剰な下から目線の弊害

食ビジネスが同業他社への差別化を図るのには，お客目線であるか否かが大切であるとした。しかし，表9-5のようにお客目線とはどのような目線をいうものであろうか。日本のおもてなしを歓迎するアジア地域の富裕層は自己顕示欲や優越感を誇示したいという上から目線の願望が強い。表9-6のようにこのお客目線を充たすには，もてなす側が下から目線，つまり，典型的に「膝付き注文・接客」のようなLose-Winとなる過剰なパフォーマンスが実践されている。日本の食ビジネスのマネジャーらはお客を「王様・神様並みに扱う」ために，下から目線となる立ち居振舞いこそがお客目線と錯覚していないであろうか。

3）成熟期を迎えると逆効果

アジア地域の人びとが今後，成長から成熟段階へと移行するに従い，日本の食ビジネスの下から目線の過剰な客アシライに嫌悪感を抱くのではなかろうか。つまり，日本の食ビジネスが売上高を伸ばしたいという下心でLose-Winを長期的にも，続けていれば，アジア地域の人びとから「ありがた迷惑」「礼を逸している」と批判されかねない。かつての「日本の先進性，日本人への畏敬・

表9-5　日本人とアジアの富裕層の消費性向の違い

対象	目線	おもてなしの概要
日本の食ビジネス	下から目線　Lose-Winの関係	下からの過剰なパフォーマンス
日本人	同じ目線　Win-Winの関係	ホストとゲストの対等な関係
日本人の若者等	上から目線　Win-Loseの関係	王様と従者・召使の主従関係
アジアの富裕層	上から目線　Win-Loseの関係	王様と従者・召使の主従関係

羨望」の気持ちも薄らぎ，反対に日本人を軽薄な人種と軽蔑することも起きよう。表9-5のようにアジア地域の人びとの消費性向だけが特殊ではなく，残念ながら日本人でも若い世代などを中心として食ビジネスの社員スタッフの立ち居振舞いに対し，Lose-Winになる関係が歓迎されがちでもある。

しかし，日本では，レディー・ファーストを是認されながらも「紳士・淑女」という順序が一般的である。日本が成熟社会にあるならば，人びとの意識が「淑女・紳士」へと変えるべきであろう。ヒト対ヒトへのおもてなしにおいては，もはや従者と王様となる上下の身分関係を流布させず，むしろ「身分から契約へ」と転換させるべきである。アジアのリーダーでもある日本の食ビジネスのおもてなしは無心な「表裏なし」であるべきである。それは「裏のみ」の下から目線のLose-Winではなく，ホストとゲストが共にWin-Winとなる対等な同じ目線の信頼関係になるように今後，さらに深化させるべき責務があるであろう。

5．日本の食ビジネスの三方によしとおもてなしの現地化

(1) 文化の移転のタイム・ラグ

日本の食ビジネスのアジアへの進出には，最初に経済合理性のもとで生産さ

表9-6　過剰サービス例

①膝付きで注文・接客する
②最敬礼の将棋倒しで挨拶する
③お客が見えなくなるまでお見送りをする
④お見送りの時に握手をする
⑤玄関口まで行き，お見送りをする
⑥来店時の際，お客の荷物をもつ
⑦トイレへ行くたびに必ず，おしぼりが出る
⑧おつりを渡す時に手を添えて渡す
⑨お水の継ぎ足しに何度も来る
⑩会計時に，お札を二度，繰り返し確認する

れたモノのグローバル化から始まり，続いて制度的文化である不特定多数を対象とするサービス産業が進出を果たした。第8章に述べたようにオグバーンの「文化の遅滞」では精神的文化が最後に伝播するとしたように，今や特定の暗黙知である日本の精神的文化の手厚いおもてなしがアジア地域で受け入れられる時代となった。日本の食ビジネスの海外展開にも同様に精神的文化が時系列的に時間的ズレをもって移転したことが理解できた。先に述べたように加賀屋では近年，日本の精神的文化を基軸とした手厚いおもてなしという文化の運搬者・輸出者となり，台湾で直接，現地生産を開始した。しかしながら，次のような課題が考えられる。

(2) おもてなしの「強み」の進化・深化

加賀屋流の手厚いおもてなしを海外市場環境下で，いかに適応させるかである。精神的文化の輸出には文化の遅滞があり，ローカルなアジア市場において，あまり性急にグローバル化を図ろうとするならば，結果的に事業そのものを失敗に導くことになる。日本の精神的文化を基軸とする「手厚いおもてなしの強み」を武器にする以上，十分な教育・訓練を徹底させないままに安易にスタッフの現地化を急ぐと，大きなリスクを抱えることになる。とくに，形式知によるマニュアルに依存した均一・画一化したような立ち居振舞いなどのサービスでは他社に簡単に模倣され，その優位性を失うことになる。

そこで，日頃から臨機応変な対応ができるように，現地のスタッフに「おもてなしの心」という日本の精神的文化を深化させる職場づくりが求められる。とりわけ，スタッフ個人の自覚を高めるだけでなく，組織的にも，「おもてなしの強み」を常に進化・深化し続けられるような職場の雰囲気づくりが日本の国内以上に，海外では重要になるであろう。

(3) 近江商人の三方よしの実現へ

海外進出した日本の食ビジネスの成否の判断基準は最終的に，「現地化」を

果たしているか否かである。江戸時代，現在の滋賀県の近江商人の中村治兵衛などの商法に，「三方よし」がある。つまり，「売り手よし，買い手よし，世間よし」の考え方である。その商法は，①売る側，②買う側，③現地住民という三者が満足するという「三方よし」を目指すべきとした。海外進出した食ビジネスは単に質の高い製品や手厚いおもてなしによって，一部の富裕層である顧客を満足させているだけでは不十分である。①売る側と②買う側との取引の当事者間だけではなく，売り手である日本の食ビジネスは「世間よし」に当たる，③の一般大衆，とりわけ，地元住民へ儲けた利益を還元する必要がある。「世間よし」とは製品やおもてなしを購入・受けた一部の富裕層である消費者ばかりでなく，現地住民の人びとにも存在が高く評価されねばならない。単に日本の精神的文化を基軸とした「手厚いおもてなしの需要があるから出店した」というグローバル化ではなく，ローカルな「現地住民とも共存関係を築く」という考え方へと，さらに踏み込む現地化が大切になる。

　要するに，経済成長著しいアジア市場への日本の食のビジネスの進出は，顧客満足を考えるだけでは十分とはいえない。海外進出した食ビジネスのおもてなしの真髄は，お客の「買い手よし」ばかりでなく，さらに，その現地の人びとにも日本の食ビジネスの存在が歓迎されるという「世間よし」の実現が求められる。日本の精神的文化といえる手厚いおもてなしを輸出する食ビジネスには，この三方よしの考え方が最大の課題となるであろう。

注

(1) 堀公俊『ビジネス・フレームワーク』日本経済新聞出版社，2014年，96〜97頁参照。
(2) 佐々波楊子・浦田秀次郎『サービス貿易』東洋経済新報社，1990年，11〜13頁参照。
(3) W. F. Theobald, *Grobal Tourism*, Butterworth Heinermann Ltd., 1994.（玉村和彦『観光の地球規模化』晃洋書房，1995年，4〜5ページ。）
(4) 山上徹『食文化とおもてなし』学文社，2012年，154〜156頁参照。
(5) Pew Reseach Religion & Public Life Project, '*The Future of Global Muslim*

Population', January 27, 2011.,
　　　http://www.pewresearch.org（最終アクセス：2014年12月27日）
(6)　赤松要『世界経済論』国元書房，1965年，第10章。
(7)　山上徹「文化の伝播と精神的文化の輸出」『関東学院大学文学部紀要第120〜121号合併号』2010年，14〜19頁参照。
(8)　Veblen, T., *The Theory of Leisure Class*, Macmillan, 1899.（小原敬士訳『有閑階級の理論』岩波書店，1961年，103ページ。）
(9)　山上徹『ホスピタリティ・ビジネスの人材育成』白桃書房，2012年，24頁参照。
(9)　就業規則上の被雇用者数は「従業員数」と「社員数」に区分。従業員数とは正社員や正職員に加えて，契約社員や嘱託社員，さらに，アルバイト，パート・タイマーなど非正規の社員も含んだ被雇用者の数。一方で，「社員数」には上記のような非正規の社員は含まれず，正社員や正職員の数のみを指す場合がある。
(10)　山上徹，前掲書，24頁参照。
(11)　同上書，140〜141頁参照。
(12)　小倉栄一郎『近江商人の開発力』中央経済社，1989年，10〜13頁参照。

第10章
和食の無形文化遺産登録とおもてなし

1. 和食の文化とおもてなし

　2013（平成25）年12月，ユネスコの無形文化遺産として「和食　日本人の伝統的な食文化」が登録された。それは「和食」が「無形」な「日本人の伝統的な食文化」という観点から認定されたといえる。近年，和食が世界的にも人気が高まっている時期，無形文化遺産登録というお墨付きを得たことで，日本のコメや野菜，肉や魚の消費と外国への輸出量が増え，「ビジネス・チャンス」の到来，とくに，生産地の地方創生にもなるものと期待されている。

　しかし，残念ながら今日，日本の伝統的な食文化という遺産自体が次第に失われつつある。和食を創り出した日本における優れた食文化を理解し，誇りをもつには，日本人自身が和食の知識を深めねばならない。とくに，次世代を担う子どもらは食に関する正しい情報に基づき健全な食生活を実践することが求められている。そのためにも，本章では，「和食」の特性とは何か。また，「日本人の伝統的な食文化」の特徴とは何かを明らかにする。無形文化遺産となった和食を日本人自身が，正しく理解し，誇りをもって次世代へ継承するべきことを提起したい。

2. 世界遺産登録

(1) 世界遺産条約の発効

　第二次世界大戦の爪痕がまだ残る1945年，パリに本部を置くユネスコが世界平和を築くことを目的で設置された。ユネスコの憲章の前文には「戦争はヒトの心のなかに生まれるものだから，ヒトの心のなかにこそ，平和の砦を築かなければならない。……よって平和が失われないためには，人類の知的及び精神的連帯の上に築かれなければならない……」との一文がある。第一次，第二次世界大戦により重要な文化財や遺跡が破壊された。そこで，1956年，ユネスコは戦争などの武力紛争から文化財を保護する目的で「武力紛争の際の文化財の保護のための条約」(ハーグ条約)を発効し，国際紛争や内戦，民族紛争などの非常時に世界人類のために文化財の保存が大切であるとした[1]。

　しかし，第二次世界大戦後，遺産の破壊は戦争によるだけでなく，経済開発行為による文化財の破壊が起こるようになった。世界遺産の誕生のきっかけは1959年，エジプト文明発祥の地であるナイル川にアスワン・ハイ・ダム建設計画においてヌビア遺跡内のアブ・シンベル神殿が水没する危機にあった。ユネスコはヌビア水没遺跡救済キャンペーンを開始し，世界60カ国の援助により，5年の歳月と膨大な資金を投入しヌビア遺跡内のアブ・シンベル神殿を移設した。その功績により，遺産を人類共通の財産とする世界遺産の理念が誕生した。「世界の文化遺産及び自然遺産の保護に関する条約」(世界遺産条約)は1972年のユネスコ総会で採択され，1973年アメリカが第一番目に批准，締約国になり，1975年12月に発効した。しかし，世界遺産とは「文化遺産」「自然遺産」「複合遺産」をいう三種類の有形な不動産に限定されている。世界遺産リストに登録された遺跡，景観，自然など，人類が共有すべき「顕著な普遍的価値」を持ち，かつ移動が不可能な不動産やそれに準ずるものが対象となる。

(2) 石の文化，木の文化，土の文化の違いと世界遺産登録

　日本は，世界遺産条約が採択されてから20年後の1992年6月に125番目の締約国となり，1992年9月30日に条約を発効するに至った。しかし，このように20年後という遅い時期に締約国となったのには，どのような理由があるのであろうか。世界遺産を登録するにあたり，顕著な普遍的価値が求められているが，普遍的価値を評価する際，どのような国が最も有利になるかについて考える必要があるであろう。

　世界の文化を「素材」という視点から大別すれば，ヨーロッパは石の文化，日本などは木の文化，アフリカでは粘土・泥による土の文化と峻別できよう。これらの文化間では文化価値を保存する上で，どのような時間的な差が存在しているであろうか。

　石の文化の構造物は耐火性・耐久性があり，基本的に時空を超えて保存できる。しかし，木の文化では腐敗性，消失性が高いし，さらに，粘土・泥を使用する構造物は短命で，崩壊しやすく，時空を超えて保存しがたい。つまり，一般的に，堅牢な石の文化の構造物と比較し，木の文化，土の文化の構造物は，長期の保存に耐えられないという特性がある。ヨーロッパの石造りの構造物・街並み・墳墓などの遺産群は視覚的にも，「全人類的・普遍的価値」があると評価されやすい。世界遺産の登録数において石の文化圏の登録が突出し，登録数に地域的な偏り，地域格差が生じている。「欧米の教会や宮殿ばかりが選ばれた。途上国の遺跡や文化財は『顕著な普遍的価値に乏しい』と見なされてなかなか登録されなかった。その結果，選考方法が西洋的価値観，キリスト教的なものの見方に偏っているとして，アフリカを中心とする途上国の間で不満が広がった[(2)]」という。そのために，それを是正するべきとの批判が高まった。なぜならば，西洋的価値観から顕著な普遍的価値，つまり，石の文化の遺産価値が高く，「木の文化，土の文化の遺産」は劣位であると，文化自体を差別扱いしていないかという疑問が起きてきたからである。たしかに世界遺産の登録は本来，形のある文化財を対象に保護・保全することを目的としている。しかし，

世界遺産登録というお墨付きが得られれば、観光対象として価値が高まり、来訪する人びとが多くなり、地域振興・国益に貢献することが明らかとなった。そこで、遅ればせながら、日本政府も世界遺産登録への必要を感じ、125番目の締約国として加わったといえよう。2014(平成26)年12月現在、日本国内では世界遺産として18件が登録されるに至った。

(3) ユネスコの三大遺産事業

ユネスコにおける遺産事業としては、現在、次の三大事業が行われている。

① 世界遺産

世界遺産とは「文化遺産」「自然遺産」「複合遺産」で構成されている。この三種類の「顕著な普遍的価値」という可視的で有形な不動産に限定された遺産が対象となる。近年、観光やレジャーの大衆化もあり、これらの世界遺産が貴重な観光対象とも見なされ、とくに、世界遺産登録が観光資源になるとの観点から世界的な関心をも集めるようになった。

② 無形文化遺産

1998年、ユネスコ総会で採択された無形文化財、とくに、口承による伝統・芸能、祭礼・風習行事などの形を伴わないが、現在でも「生きている文化」をも、同様に人類共通の宝物として保護すべきことが決められた。世界文化遺産は不動産の石の文化圏に優位性があったが、木の文化・土の文化圏では無形文化遺産である伝統・芸能や風習行事などが今でも、多く息づき伝承されている。このような無形文化遺産を対象とし、2003年第32回ユネスコ総会において登録が採択され、2006年に発効された「無形文化遺産の保護に関する条約」に基づき、「人類の無形文化遺産の代表的な一覧表」(代表一覧表)および「緊急に保護する必要性がある無形文化遺産の一覧表」(危機一覧表)が作成されることとなった。

③ 世界記録遺産

世界記録遺産は危機に瀕した書物・文書・手紙などの歴史的記録遺産を最

新のデジタル技術を駆使して保全し，人類共通の財産と捉え，広く公開することを目的としている。日本では山本作兵衛が描き残した筑豊の炭鉱画などが登録されている。

3. 無形文化遺産の保護と和食の登録

(1) 無形文化遺産の保護

「無形文化遺産の定義」(第2条)に基づき「無形文化遺産」が代表一覧表に記載登録されることになる。しかし，この遺産では「世界」という文字がなく，単に「無形文化遺産」と称している。無形文化遺産の登録は，芸能や祭り，伝統工芸技術など無形なものを対象にし，それらは地域の歴史や生活風習などと密接にかかわっている無形な文化を保護するものである。つまり，登録の目的は保護にあり，観光振興や商業的な文言を入れると，登録の際，評価されないともいわれている。たとえその可能性を連想させるだけでも登録自体が難しくなるという。具体的な対象は，次の通りである。[4]

① 口承による伝統及び表現(無形文化遺産の伝達手段としての言語を含む)
② 芸能
③ 社会的慣習，儀式および祭礼行事
④ 自然をはじめ，万物に関する知識および慣習
⑤ 伝統工芸技術

(2) 和食の無形文化遺産登録申請

無形文化遺産とは，芸能，祭礼，伝統的な年中行事などが登録対象となるが，2014(平成26)年12月現在，日本では「手漉きの和紙」を含め，23件が登録されている。2013(平成25)年12月に和食が無形文化遺産登録された。ユネスコの食に関する無形文化遺産は，次のような食が登録されている。

① 2010年にルパ・ガストロミック(美食的会食)である「フランスの美食術」，

表 10-1　「和食」の登録に関する主な理由

新鮮で多様な食材で自然を表し美しい盛り付け
年中行事と結びついたコミュニティーの連携
現代の食生活の急激な変化への危機感
次世代へ伝えていくことを広く国民が支持

出典：江原絢子「すぐれた和食」『食と健康 688 号』日本食品衛生協会，2014 年，53 頁参照。

スペイン・イタリア・ギリシャ・モロッコ４カ国のオリーブ・オイルや魚介類などの食文化「地中海ダイエット料理」,「メキシコの伝統料理」
② 2011 年に麦がゆ料理の「トルコのケシケキ伝統」
③ 2013 年 12 月には，「和食」と韓国の「キムジャン文化」(キムチ漬けの風習)
表 10-1 が日本の和食(日本人の食文化)を申請した主な理由であるが，現代日本人のなかでも，若い世代と年配者の間では食べ物の好みが違う問題がある。「人間の食べ物の好みは幼児からの学習の結果であって，特定の食環境のなかで時間をかけて育成されるもの」(5)である。人間の味覚は子ども時代に慣れ親しんだ味が年配になっても継続するという考え方がある。それゆえ今，ハンバーガーやフライド・チキンばかりを好んで食べている若者は，60 歳になっても同じ食べ物ばかりを食することにならないであろうか。食生活の洋風化が蔓延し，日本の伝統的な和食を食べない子どもらが多くなっている(6)。この子どもらが，恐らく年配者になった時，ご飯，味噌汁，漬物，魚の煮物，野菜の煮しめなどの和食を食べないことにならないであろうかという危機意識から無形文化遺産の登録がなされたのである。

4．和食の歴史的背景とおもてなし

和食という文化は長い歴史の過程でコメを基軸としながらも，さまざまな地域との交流の結果，融合・変容・摂取され，場合には取捨選択が行われ，日本の固有のものが確立された料理体系といえる(7)。表 10-2 のように今日の日本の

表 10-2　日本料理の形態

種類	概要
大饗料理	平安時代の貴族・公家の社交儀礼で発達した饗宴の料理様式をいう。
本膳料理	室町時代から武家の饗応料理として発達したもので，江戸時代には本式の日本料理とされ，儀礼的な色合いが濃い料理をいう。
袱紗料理	本膳と会席の中間の料理をいう。
精進料理	禅寺などの寺で，外来者をもてなすための料理法として発達した。
普茶料理	茶を酒の代用とした中国風の黄檗派（おおばくは）の料理をいう。
懐石料理	茶道から発した料理。コース式に供される。本来は茶を楽しむためのものである。
会席料理	宴席から発生した酒を飲みながらコース式に供される。

出典：山上徹『京都観光学［改訂版］』法律文化社，2007年，122～126頁より作成。

食文化の基礎となった料理には，次のような形態がある[8]
　① 日本の神道に基づく神への供え物としての神饌（しんせん）
　② 平安遷都から江戸時代までの「公家・武家文化」の大饗料理，本膳料理
　③ 各宗派の宗教などの「社寺文化」の精進料理，普茶料理
　④ 茶道・華道，能・狂言といった芸能文化，とくに茶道文化の懐石料理
　⑤ 庶民の気楽な宴会用の会席料理
　和食の原型とは，まず，以下の料理の影響を受けてきたといえよう。

(1)　神饌料理

　最も古い料理様式に神をおもてなしするために考案された神饌料理がある。神社や神棚への供え物で，生のまま供える生饌と調理した熟饌とがある。それは和食における特徴としての見せる料理でもあった。

(2)　公家の大饗料理

　公家は朝廷に仕えた貴族・上級官人の総称である。儀式と文治で持って天皇に奉仕する宮廷貴族などを公家と称した。武家は武士の家筋の総称である。武力で天皇に奉仕する幕府を武家と称した。

有職故実は一般に，朝廷・武家の双方に関する儀礼・礼法・装束などを理解する博学者を意味する。有職(ゆしょく，ゆうそく)は過去の先例に関する博識を有する人で，故実(こじつ)は過去の事実・前例に詳しいことをいう。有職という用語は，平安時代には，職の字は識の字　公の儀礼上・行事上の法式であり，その法式に通達する者，識者を意味した。公家や武家の衣服や調度品に用いられた有職裂がある。

　平安朝に発達した宮中の年中行事などの際，貴族の邸宅では大饗料理でおもてなされた。それは中国料理の影響を受け，サジ(匙)を使用し，「偶数の料理品目」を食するものであった。(9)

　大饗料理は台盤(机)の上に並べられたため台盤料理ともいわれた。床子(椅子)に坐って食すること，飯の盛り方は椀に高々と盛り上げ，神仏に供える聖なるデコレーションのようにした高盛り飯であった。一方，神饌料理の特徴としての見せる伝統を受け継ぎ，鋭利な片刃包丁を使って切り方，切り口を見せる料理でもあった。とくに，料理人が生物・干物，蒸物などを切って台盤に並べ，塩・酢などで，自分の好みの味付けをし，食するものであった。大饗料理の流派として室町期には四条流，大草流，進士流などが成立した。

(3)　寺院の精進料理

　鎌倉時代には，中国から伝わった修業僧に対し美食を戒め，非動物性食品の穀物・野菜・海藻だけの精進料理が成立した。肉に近い味を出すためにも穀物からの調味を施すようになった。とくに，喫茶の習慣を採り入れ，禅院の茶礼とよばれる飲茶のスタイルを生み出した。また，喫茶の移入と同時に，中国から高度な精進料理の技術が導入された。禅宗では肉食をさけて菜食中心の精進料理が普及した。精進料理の特徴は，次のような点にある。(10)

　①食材は穀粉加工品，豆腐，納豆，煎豆(いりまめ)などの大豆製品が中心で，さらに野菜，キノコ，海藻，果物，コンニャク，ヤマイモなどが使われた。

　②植物性の食品に手を加えて鳥獣肉に近い食感を出す「もどき料理」があっ

た。

　③僧侶は早朝の粥座(しゃくざ)と昼の齊座(ときざ)の二食を補うために間食としてお茶受けとしての点心類があった。

　④味噌を調味料として煮る，煮染める，煎じるなどの加熱調理が多彩に発達した。

　基本的に精進料理といえば，禅宗系の僧侶が伝えた料理法である。今日，一般家庭での精進料理は，昔から高野詣でや熊野詣でをする人びとから一般庶民へと普及したものである。しかし近年，仏事法要などのお清めの時ばかりでなく，精進料理は健康食として見直されている。

　一般に，野菜の天ぷらを「精進揚げ」といい，精進の期間が終わることを「精進明け」，忌明けと同時に普段の食事に切り変え，肉・魚を食べることを「精進落とし」，さらに精進日に先立ち肉食をすることを「精進固め」と称する。精進料理は，本膳と二の膳と構成され，寺院の多い京都で発達した精進料理の蛋白質類はみな大豆製品で，昔からうまい豆腐は寺院の近くでといわれている。たとえば，京都の南禅寺の湯豆腐が今日でも良く知られている。

　以上，和食の前史とは一般に，「神饌料理・大饗料理・精進料理」の三種が対象となる。

(4)　武家の本膳料理

　室町時代になると，「能・狂言・茶の湯・生花」などの伝統的芸能文化が開花し，料理においても武家によって創り上げられた正式な膳立て，献立ての日本料理の基本，「おもてなし料理」の一形態の本膳料理が出現した。つまり，それは儀式料理であり，七・五・三の本膳を中心とした「奇数品目の膳組」となり，カツオ節と昆布のだし汁が考案され，武家を中心に和食文化の基礎が確立された。日本を代表する格式のある正式の饗応料理を本膳料理という。鎌倉期以降，武家社会に公家文化が浸透する。料理包丁道の秘儀を伝授する「四条流包丁書」[11]が著された。室町時代の武家による礼法の確立が饗応料理の形成を

促した。足利将軍の包丁人大草公次から始まる大草流，また，料理包丁道の秘儀を伝授する細川晴元の包丁人から興った進士流などがあった。その時できた形式が本膳料理である。

　本膳料理の配膳形式は，書道における楷書に相当し，正面中央に本膳が置かれ，右に二の膳，左に三の膳，向こう先付け与の膳（4番目は死という忌み言葉を避け），五の膳という複数の膳によって構成され，酒はたしなむ程度といわれている。

(5) **懐石料理**

　懐石料理とは茶道の形式に則した食事の形式である。千利休時代の茶会記では，茶会の食事はただ「会」とのみ記されており，本来は会席料理と同じ起源であった。江戸時代になって茶道が体系化されるに伴い，「懐石」が料理に結び付くのである。「懐石」という言葉は，禅僧が懐に温石（おんじゃく）を入れ，空腹と寒さを紛らわしたという故事に由来する。精進料理を伝えた禅寺寺院を中心に茶礼が盛んになり，民間にも広まった懐石料理が登場した。茶を飲む前に一時しのぎの空腹を癒すために適度の料理を食する。これが懐石料理の起源

表 10-3　懐石料理と会席料理との違い

懐石料理（茶懐石）	会席料理
①茶事の料理	①茶事なし
②茶を美味しく飲むための料理	②酒宴を中心にした料理
③最初から飯と汁が出る	③最後に飯と汁が出る
④1つの器を客が順次，取り回す	④各々の器で料理が出る
⑤器は手に持って食べる	⑤器は手に持たなくても良い
⑥走りよりも最盛期の旬を使う	⑥旬よりも珍しい走りを使う
⑦素材そのものの味を尊重する	⑦珍しさを活かした人工的な味
⑧主役となる料理がない	⑧主役となる料理を中心に組み立て
⑨大根等のけん・つまを使わない	⑨刺身に大根等のけん・つまを使う

出典：日本観光協会編『テーブルマナーの本　日本料理』柴田書店，1998年，60頁参照。

表 10-4　旬の区分

時期区分	利用料理	特性
走り物	会席料理	初物で、季節の到来を先に味わう珍しい初物が歓迎される
出盛り物	懐石料理	最も美味しい最盛期の食材を味わう
名残	懐石料理	出盛りを過ぎた末期の季節をいとおしむように味わう

とされる。したがって、お酒を飲んで懐石料理をお腹いっぱいにいただくのは、現代風の豪華な懐石料理である。しかし本来は、茶を楽しむ前の料理で、それを「茶懐石」と称して区分している[12]。

　茶室の室礼に気を配り、季節感を大切にし、旬の食材を出し、食器に映える色彩感、盛り付けの立体感、温かいものは温かく、冷たいものは冷たくを原則にした懐石料理は和食の最高峰であり、和食の特色が凝縮している。

(6) 会席料理

　会席料理は江戸時代から始まった料理形式で、二汁七菜が標準である。これは本膳料理や懐石料理といった形式を重んじるものではなく、書道における「草書」に相当する。表10-3のように茶懐石とは基本的に異なり、酒宴の席で出す「饗宴料理」といえる。本来は出来立ての料理を一品ずつ配膳する形式であったが、現在は、一度に料理を並べて出すことが多い。旬を細分化すると、表10-4のように会席料理では旬の出盛りよりも少し前、つまり、季節を予感・連想させる出初、走り物の時節が話題性に富むので、酒宴では好まれる。

　しかし、ニュースでも古くなった旬の出盛りでは、話題性に乏しいが、抹茶を主とする懐石料理では会席料理とは異なり、食材は旬で珍しい走り物を使用せず、旬の出盛りや名残を重視し、真の季節感を味わうことになる。

　以上のように和食の原型は、基本的に儀式や茶会という特別のハレの時に食するものであった。日本の食文化は奈良時代に基礎が確立されたが、鎌倉時代・室町時代までは作法らしい作法はなく、平安貴族はお椀を膳に乗せたまま食していた。ようやく室町時代に入り、一人用の膳が使われるようなった。その後、

近世の江戸時代に料理屋が登場し，金銭を払えば庶民でも食べられる店舗が出現した。必然的に江戸時代に庶民の食文化が開花し，酒を楽しむ会席料理が普及し，外食産業を成立させた。

(7) 茶の湯の同じ目線のおもてなし

平安時代では宮中・公家らの大饗料理による饗応が行われていた。しかし，多くの場合，身分・階級関係が本質的に介在していた。つまり，宴は上から目線で上が下（逆もあり）へご馳走することが前提であった。また，武家社会における本膳料理に基づく宴でも，専ら階級性が優先されていた。

しかしながら，16世紀という戦国時代は，親・兄弟といえども信頼し合えない下剋上社会であった。たとえ，盛大な宴が催されたとしても，お互いが対等に心を通わせるものとはなり得なかったであろう。しかし，戦場にて生死を戦う武将らにとり，茶の湯は一時的でも，戦火を忘れさせ，心癒せる時空間となった。そこで，堺の商人出身である千利休は武士が優位となる身分・階級制を茶室内で排除した。たとえば，刀や槍を茶室内へ持ち込めないように，狭い「にじり口」を考案した。また，和敬清寂，一期一会などの精神で主客がみな同じ目線であることを基本とした。茶の湯のおもてなしの心は，身分の上下を問わず，主客がお互い尊敬し合い，同じ目線であることを前提とした。それゆえ，日本のおもてなしの真髄は茶の湯の精神に見い出すことができ，それは同じWin-Winの目線のおもてなしとも合い通じているといえよう。

以上のように和食の基本型は「神饌料理・大饗料理に始まり，精進料理・本膳料理・懐石料理といった[13]」流れから発展したものである。和食の特性とは，「飯＋味噌汁＋漬物＋菜」を基本とした料理体系であったといえよう。とくに，菜の基本として「煮物＋焼き物＋向付（刺身となます等）」が追加されると三菜で，それに汁を加えたものが一汁三菜の献立となる。

和食ではコメ（飯）を中心にした料理体系が重要な位置を占める。世界的にコメは粘りがなく，サラサラしたシンのあるものを好む人びとが多い。しかし，

日本人は粘りのあるジャポニカ種のコメを好み，それが和食の基本となっている。
(14)

5. 純粋な日本料理，和食および日本食の違い

「純粋な日本料理，和食および日本食」の違いについては，「最狭義，狭義，広義」によって区分し，とくに，「モノ」「コト」「ヒト」という側面から，それらの特徴を明らかにすることにしたい。また，地域特産料理に対しては，表6-1で示したようにローカル性を「土産・土場・土法・土人」というこだわりの視点の考え方を述べた。それゆえ，表10-5のようにその視点を適用し，次のように3つの日本の料理形態の違いを明らかにすることにしたい。

(1) 純粋な日本料理（最狭義）の特性

日本料理といった場合，一般に広い概念で捉えられる。しかし，本章では，純日本料理とも類似している形態ともいえる。つまり，ナショナリズム（国粋主義）を「純粋な日本料理」と表現する。純粋と表現するのは日本独自という国粋性を強調するためである。たしかに古来より日本では海外の文化を受容してきたが，しかし，日本の豊かな自然から得られる食材と融合させて独自の食文化が形成されてきた。最狭義の日本料理とは鰹節や昆布，雑魚などから「だ

表 10-5　純粋な日本料理（最狭義）の特性

	略　語	対　象	純粋な日本料理
モノ ハード	土　産	日本国産の食材	日本の食具・食材
	土　場	日本国内の場所	こだわりの和室の室礼
コト ソフト	土　法	日本に伝わる調理法	五法・五色・五味・五感
		日本に伝わる接客法	日本的なおもてなし法
ヒト ヒューマン	土　人	日本人の料理人 日本人の接客スタッフ	日本人の 日本人による
		日本人のお客	日本人のため

表 10-6　純粋な日本料理，和食および日本の食との違い

		純粋な日本料理 (最狭義：国粋)	和食 (狭義)	日本の食 (広義)
モノ	食材産地	日本国産のみ	日本国産をベース	国内外
		ナショナリズム	グローカル化	グローバル化
	レイアウト	純粋な和の室礼	こだわりの和風の室礼	和洋折衷の室礼でも可
コト	全体的	極上のこだわり	こだわりの和風化	和風もどきでも可
	調理法／ 盛り付け	五法・五色 五味・五感	五法・五色 五味・五感	日本らしさを温存でも可 現地人好みにも変容
ヒト	料理人／ 接客スタッフ	日本人のみ	日本人以外に外国人も可	日本人以外に外国人も可

し」をとり，季節の旬の食材を中心にし，素材の風味の良さを引き出すように「五法・五色・五味・五感」の調理法（コト）が尊重されねばならない。それは江戸時代以前からの自然・風土・食材・食習慣・文化などを重んじ，日本人が食してきた日本固有の調理法の継承にある。それは「モノ」「コト」「ヒト」の面では米国大統領リンカーンの名言，"Government of the People, by the People, for the People" のごとく，「日本人の，日本人による，日本人のため」の料理となる。それは，まさに日本という国へのこだわりの料理として捉えることができよう。

(2) 和食（狭義）の特性

　無形文化遺産に登録された和食は，端的にいえば，懐石料理や伝統的な郷土料理などが包含されている。このような和食（狭義）は江戸時代以前から日本人が食し，日本で独自に発達した料理で，以下のような特徴が見られる。

① 「モノ」としての食材はすべて国産を使用するものではなく，世界各地で類似な食材などが使用され，グローバルに調達・調理されている。

② 「コト」としての調理は「五法・五色・五味・五感」の定式に基づいた料理の味，色合い，素材の組み合わせ，料理の器，盛り付けにも美感を

配慮する。材料の持ち味を生かし，季節感を重んじ，素材に手を余り加えず，素材本来の味や香りを引き立たせる素朴な調理法が継承されている。

③「ヒト」としての和食の料理人や接客はお客・消費者へ最高のおもてなしの心で対応しているが，もはや「日本人の，日本人による，日本人のため」という国粋主義ではなく，つまり，「ヒト」という面はグローバル化しており，日本人以外の人びと［現地人による］へと広まっている。

表10-6のように和食とは，まず，「コト」という料理の視点では日本の独自の調理法（ローカル性）が継承されているか否かが重要となる。しかし，「モノ」である食材の産地の視点では日本国産がベースとなっているにしても，すべてが完全に日本国産であるとはいえず，日本の食料自給率の低さを考えると，グローバルであり，外国産が多く使用されていることは致し方ない。さらに，「ヒト」においては和食の料理人はグローバル化しており，たとえ日本国内の店舗でも外国料理人が多い。狭義の和食では「コト」の調理法のみがこだわりの「五法・五色・五味・五感」などが守られているに過ぎない。狭義の和食では，「モノ」や「ヒト」はグローバル化しており，「コト」である調理法のみがナショナリズム（国粋主義）なままで継承されている料理といえる。まさに和食（狭義）といえども，グローバルとローカルとが併存したグローカルな状況によって無形文化遺産登録の対象となっているといえよう。

(3) 日本の食（広義）の特性

「日本の食・和食」と一口にいっても，元々は，海外から伝播されてきたものが多い。日本で食べられている食事全般の総称を日本の食（広義）とする。そのなかにはオムライス，ラーメンやナポリタン，カレー，とんかつ，ハヤシライスなどのように日本的にアレンジされた外来の食（日本らしさ）も含まれよう。日本人が新たに受容・変容して創作した料理も含め，明治期以降から日本人が食してきた日本風の食物を日本の食（広義）とする。「日本の食」には和食以外に，鉄板焼き料理や，中華料理・西洋料理から派生した料理などが含まれるのが一

般的である。一方，海外の場合，日本の食の定番は寿司・天ぷらも食材自体は日本産ではなく，むしろカリフォルニア巻のような「なんちゃって日本食」の模倣の食が多く，当然，現地人などが調理していることが多い。

今日，日本の食を提供している場所(モノ)はグローバルに普及している。「コト」として調理法については和風もどき料理が多く，さらに，ヒトの面では，国内外において日本人以外の料理人もがグローバル化し，また，接客スタッフも和風の着物スタイルであっても，日本人でない人びとが多くなっている。つまり，日本の食は「現地人の，現地人による，現地人のため」に提供されている時代となっている。

6．和食の調理の「五法・五色・五味・五感」とおもてなし

日本料理は基本的に，安全であり，栄養があること，そして美味しいことが求められよう。日本では，粘りのあるコメを中心にし，新鮮な魚介類，四季の豊かな野菜類を食材とした副食を味噌，醤油などで調理するのが特徴である。

中国の古い陰陽五行説の考え方は，陰陽のバランスをとって調和することを重視しているが，それらの精神性を大切にするにしても，和食の定式の最大の特質とは，「五法・五色・五味・五感」により，調理することにある。それらは味覚・視覚などのためだけではなく，栄養のバランスをとることにも通じている。本章では，最狭義の純粋な日本料理や狭義の和食では「五法・五色・五味・五感」という調理法(How)が優先されていると考える。

(1) 五法のおもてなし

中国では古くから「医食同源」という儒教の食への思想がある。朝鮮半島では同じように「薬食同源」の思想がある。広大な中国では気候や風土も異なり，その調理には，「湯・炒・炸(さく：油で揚)・烤(焼く)煎(鍋や鉄板で焼く)・燉(とん：とろ火で煮込む)・溜(りゅう：たまり)・滷(ろ：にがり)・蒸・拌(はん：混ぜ

合わせ)」などの多様の手法がある。しかし、日本料理には「生・焼・煮・蒸・揚」という5つの調理方法の定式がある(15)。

① 生：加熱しない刺身や新鮮な野菜を生のままの提供をいう。
② 焼く：串に刺したり、網の上に置いて直接に熱源に当てて焼く直火焼きとフライパンや鉄板で焼く、またホイルに包んで焼くなどの方法があり、炒めることとの区別は難しい。
③ 煮る・茹でる・炊く：容器に多量の水を入れ、素材を調味した液体のなかで加熱する。
④ 蒸す：食材を直接に火にかけず、容器に入れてその内部の高温の空気や水蒸気で加熱することをいう。
⑤ 揚げる・炒める：容器に多量の油を入れ、高温に熱した油のなかに食品を浸して加熱して火を通すことをいう。また炒めるは、フライパン、中華鍋に、油と素材を入れて加熱調理することをいう。

日本料理は五法を取り合わせ、見た目にも美しく、美味しい料理となるように献立が考えられている。

(2) 五色のおもてなし

日本料理は、目で味わう料理ともいわれるが、和食は口での味覚だけでなく、目でも味わうために「赤・青(緑)・黄・白・黒(茶)」の五色で視覚にも訴える。白は清潔感、黒は全体を引き締め、黄と赤は華やかさを演出し、食欲増進、青(緑)は安心感、落ち着きを表す色といわれている(16)。黒塗りのお盆や朱塗りのお椀、料理に添えられる葉や花などの演出とも類似している。

(3) 五味のおもてなし

人間の味覚の受容器は主に舌にある。基本味が他の要素(嗅覚、視覚、記憶など)で拡張された知覚心理学的で感覚的な味は、風味(flavour)となる。仏教では「酸味、苦味、甘味、辛味、鹹味(塩味)」の5つの味覚がある。五味の食べ

物は体内の循環を促す効能がある。人間の感じる味は，1916年，ドイツのヘニング(H. Henning)が味の基本は「甘味，塩味，苦味，酸味」の4つとし，「味の四面体」と称した。1909(明治42)年，日本人の池田菊苗(きくなえ)は昆布だし汁に含まれるグルタミン酸の「うま味」を発見した。⒄

　しかし，国・地域により，味付けのだし汁は異なる。日本の和食は「水＋昆布＋鰹節」のうま味に特徴がある。また，中国は「鶏肉または鶏ガラ＋葱＋生姜等」，欧米等では「牛肉または牛骨＋野菜等」である。和食の美味しさを支えているのは風味が控え目なだしであり，昆布だし，カツオ節だしといった和風だしで食材そのものの味を活かす。だし汁のうま味こそが，和食の神髄である。その味わいの深さが近年，評価されて日本料理がグローバルに広がっている。

(4) 五感のおもてなし

1) 五感

　五感(五覚)とは人間の「視覚・聴覚・嗅覚・触覚・味覚」という機能をフル活用して料理を味わうことになる。食は味だけでなく，歯ごたえや喉越しにより食感が高まり，さらに，色合い・音・香・温度などの演出が加わると，人間の「五感」すべてを稼働させて料理が評価できる。さらなるおもてなし度を高めるためには，最適な食材を選び，一品一品の料理を美しく，かつ，全体的な盛り付けバランス，色合いが大切になる。とくに，料理を提供するタイミングの最適さという和食のこだわりのおもてなしが高く評価されている。

2) 嗅覚の「におい」の違い

　日本語の「におい」には，快く受入れられる香りと同じ意味の「におい」を「匂い」と称し，嗅ぎたくない不快で受入れたくないものは「臭い」となる。食べ物の場合，「におい」は味覚以上の文化差や個人差が存在する。あるヒトが快い「匂い」と感じたとしても，他の「におい」の文化圏に所属する人びとには耐え難い「臭い」ともなる。同様に「におい」は同じ文化圏内においても，

第 10 章 和食の無形文化遺産登録とおもてなし

個人差が存在する。

　しかし，日本料理では「うま味はグローバル，風味(匂い)はローカル」[(18)]であると評価されている。昆布と鰹節でとった和食のだし汁のうま味はどこでも，いつでも同じ味付けが可能であるが，人びとが美味しく感じるか否かという風味「におい」にはその評価が分かれるので，ヒトにより，不快を感じる場合もある。とくに，葉巻タバコ，香水をはじめ，日本の食材の「ニンニク・くさや・納豆」などの「におう」モノの場合にも起こる。その通のヒトにとっては「臭うからこそ快い」というであろう。文化圏の差ならびに個人的な嗜好の差により，また，過去に経験の有無で，その評価が分かれる[(19)]。

　3）シズリングの効果

　シズル(sizzle)感は焼き肉の際に発するジュージューと音を立てているステーキ(sizzling steak)で連想できる。商品を販売する時，単に商品の品質を理解してもらうだけでなく，できるだけお客の五感を刺激するために，たとえば，モクモクと上がる煙・炎をみると，それにより，購入意欲が高まる効果がある。つまり，焼肉の場面を見て(視覚)，食欲をそそる匂い(嗅覚)と，音(聴覚)を混ぜて臨場感があると，人間の感性を刺激するので売れ行きが伸びる効果がある。具体的に，ビールの泡，肉や魚の焼き目などの写真・映像や図案をはじめ，焼鳥屋，焼き烏賊・トウモロコシ，うなぎ店などもそのような効果を狙ったものである。食ビジネスのおもてなしの効果を高めるためには，嗅覚をはじめ，聴覚，視覚を刺激するシズリングが効果的となる。

7. 和食の無形文化遺産と 5W1H

　無形文化遺産に登録された和食は，「日本人の伝統的な食文化」であると同時に，人類にとってかけが得のない無形の宝物であることから保護しなければならない。無形文化遺産である和食を When(いつ)，Who(だれが)，What(何のため)，Where(どこで)，Why(なぜ)，How(どのように)という 5W1H，いわ

ゆる「六何の法則」で分析すれば，次のようになる。

(1) **When**

和食とは江戸時代以前から日本人が食し，日本で独自に発達した料理である。無形文化遺産に登録された2013年12月から21世紀以降の次世代までも存続することを可能にすべきである。

(2) **Who**

和食のステークホルダー(利害共有者)は多岐にわたる。たとえば，ユネスコ世界遺産委員会，日本政府をはじめ，農林水産・観光関連業者，国内外の和食の提供者(料理人・接客者)，和食を消費する国内外の人びとなどから構成される。とくに，日本人すべてが対象になることを認識しなければならない。

(3) **What**

無形文化遺産登録は和食と食文化，民俗慣行，年中行事の保護，日本人の食育などによって和食文化を保護し，次世代へ継承するための契機としなければならない。

(4) **Where**

和食の提供する場所は，近年，日本国内のみではないことは明らかである。無形文化遺産登録の結果，さらに，和食を提供・消費する場所がグローバルに拡散化することが予測されよう。

(5) **Why**

現代日本人の食生活は急激に変化しており，日本の伝統的な食文化を次世代へ保護・継承することが必要不可欠な時期にあり，和食が無形文化遺産に登録された現在，保護・伝承のための絶好の機会としなければならない。しかし，

無形文化遺産登録というお墨付きはビジネス・チャンスとなり，国内外の人びとへ和食の価値を発信する機会が多くなる。それゆえ，登録のお墨付きは和食ビジネスなどの活性化にも貢献することになるであろう。

(6) How

　和食が無形文化遺産登録されて「五法・五色・五味・五感」に基づく料理技術，味付け，食べ方，食器への盛り付け方，おもてなしの心，食の自然環境などの諸問題を保護・継承させる機会としなければならない。さらに，日本人一人ひとりに食文化を正しく理解する上でも，食文化への継続的な研究や国内外へ情報の受発信を積極的に推進すべきであろう。

8. 和食のおもてなしの保護・継承に向けて

　表10-7のように和食への関心は和食の精神と現代日本人でも異なる。日本の伝統的な和食の主要な品目とはご飯，味噌汁，漬物，魚介や野菜であるとした。日本人のそれらの摂取量は近年，減少傾向にある。とくに，各家庭における共食の機会をはじめ，家庭料理離れもあり，結果的には，若者の和食離れに拍車がかかっている。ファスト・フードは手軽で味付けに甘さ・辛さのインパクトがあり，その味覚に馴染んで，「五法・五色・五味・五感」という和食の魅力を知らない日本人が多くなっている。

表10-7　日本の食への目線と「おもてなし」の違い

対象	目線	おもてなし
和食の精神	同じ目線 Win-Win	自然への感謝，作るヒト・食するヒトの主客同心，内食による共食の家族意識
現代日本人	上から目線 Win-Lose	経済合理性，詮索されたくなく個食化 外食・中食による「こ」食への依存
外国人 日本人	下から目線 Lose-Win	長寿・健康食として日本の食への関心 箸文化への興味

無形文化遺産となった和食について，日本人自身が和食の調理（コト）の「五法・五色・五味・五感」という固有な価値を正しく理解し，誇りをもって次世代へ継承することが求められている。日本人には自国の食文化，食の歴史などを学習し，それを正しく伝えるという義務がある。

　近年，海外では日本料理全般のイメージが肯定的に評価され，人気が高まっている。しかし，多くの日本人が日々食している現実の和食や「日本の食文化」とは，かけ離れてしまっている。その変容された形で持って日本料理が外国人に受け入れられていないであろうか。世界へ向けて日本料理の魅力や特徴を正しく伝えることが大切になる。その場合，料理そのものだけでなく，日本の食文化についても同時に伝えることが必要不可欠である。

　21世紀，日本の食文化を保護・継承するには，和食への関心を一過性に終わらせてはならない。和食は，もはや「モノ」（食材）や「ヒト」（料理人）という面ではグローバル化しており，しかし，「コト」である調理の「五法・五色・五味・五感」は是非とも，国粋主義（ローカル）を保持したいものである。一方，日本の国内外の人びとに和食への関心を広めるには，食や観光に関わる多様な分野のステークホルダー同士のネットワーク化を推進し，お互いが情報を共有し合い，また，国内外へと情報の受発信をし，さらに今後とも，和食・食文化に関する研究を深化させるべきである。

注

(1) 栗山洗一・北畠能房・大島康行編著『世界遺産の経済学』勁草書房，2000年，4頁参照。
(2) 国末憲人『ユネスコ無形文化遺産』平凡社，2012年，142頁。
(3) 山上徹『観光立国へのアプローチ』成山堂書店，2010年，36頁参照。
(4) 文化庁「文化財の紹介」www.bunka.go.jp（最終アクセス：2014年11月4日）
(5) 石毛直道・鄭大聲編『食文化入門』講談社，1995年，122頁。
(6) 飽戸弘・東京ガス研究所『食文化の国際比較』日本経済新聞社，1992年，55～56頁参照。
(7) 原田信男『和食と日本文化』小学館，2005年，234頁参照。

(8) 山上徹『京都観光学［改訂版］』法律文化社，2007年，123頁参照。
(9) 原田信男，前掲書，69頁参照。
(10) 山上徹『食文化とおもてなし』学文社，2012年，65～66頁参照。
(11) 村井康彦『京都事典』東京堂出版，1979年，181頁。
(12) 山上徹『京都観光学［改訂版］』126～129頁を参照
(13) 原田信男，前掲書，235頁。
(14) 岡田哲『食の文化を知る事典』東京堂出版，2011年，113頁参照。
(15) 山上徹『食文化とおもてなし』18頁参照
(16) 神山典士『新・世界三大料理』PHP研究所，2014年，192頁参照。
(17) 岡田哲，前掲書，111頁参照。
(18) 神山典士，前掲書，181頁。
(19) 西江雅之『食べる』青土社，2013年，86～90頁参照。

第11章
イスラム教の食文化と手食のおもてなし

1. 宗教と食文化

　科学が進歩した現代であってもなお，宗教の存在感は増し続けている。日本人は無宗教を標榜している人びとが多い。しかし，日本人は日本の風土に根付いてきた宗教の影響を大なり小なり受けてきた。それぞれの国では宗教の影響を受けつつ，特有な生活文化を形成しているといえよう。宗教はそれを祀る「神」の数により，一神教と多神教などに大別できる。とりわけ，一神教では，多神教の日本人とどのような違いが存在するものであろうか。

　また，食は文化を写す鏡といえる。食文化についても，たとえば，宗教により特定の食べ物をタブー視する忌避や禁忌が存在している。世界の宗教のなかでも，一神教のユダヤ教，キリスト教，とくに，イスラム教には，食のタブー・禁忌が存在している。その一神教と食のタブーとはどのような関係が存在するのであろうか。本章では，イスラム世界の基本的な考え方，教義について理解を深めることにしたい。さらに，世界三大料理であるトルコ料理はイスラム教国家の食文化であり，そのイスラム教徒（ムスリムとも称する）の食文化についても明らかにするつもりである。

2. 一神教と多神教との宗教観の違い

(1) 一神教の宗教観

　イスラム教とはアラビア語で,「神の教えに帰依すること」を意味する。イスラム教徒は「帰依するヒト」を意味する。イスラム教の発端となった預言者はムハンマドである。イスラム教とは「あなたがたの神は唯一の神(アッラー)である」(第2章163節)。神は全知全能で,「天と地の創造者」(第42章11節)である。表11-1のように唯一絶対的な神に基づくイスラム教は,ユダヤ教,キリスト教と同じく一神教の宗教である。つまり,信じる神は同じであるが,イスラム教(7世紀頃成立)はユダヤ教(紀元前1280年頃成立),キリスト教(紀元1世紀頃成立)とも兄弟宗教であり,イスラム教は一神教の三兄弟の末っ子という関係にある。

表 11-1　同一の神ながら各宗教の違い

宗教	成立	最大の預言者	聖典	偶像崇拝
ユダヤ教	紀元前1280年頃	ユダヤ人モーセ	タナハ(旧約聖書)	禁止
キリスト教	紀元1世紀頃	ユダヤ人イエス	旧・新約聖書	カトリックではイエスやマリア像は公認
イスラム教	7世紀頃	アラブ人ムハンマド	コーラン	禁止

出典:池上彰『イスラム世界』KADOKAWA, 2014年, 27頁参照。

(2) 一神教の精神的文化力

　図11-1や表11-2のようにイスラム教の社会では,長い歳月を経過した現在でも,一神教の精神的文化の教えは基盤として変わるものではない。まず,①精神的文化(ヒト・宗教・思想等)を基盤とし,その教義に基づき⇒②制度的文化(コト・システム),さらに⇒③物質的文化(モノ・ハラル)が受容されている。宗教という精神的文化力が絶対的,不動な生活基盤と捉え,発展してきた。ム

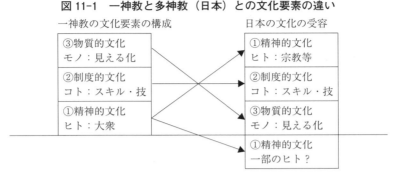

図11-1 一神教と多神教（日本）との文化要素の違い

出典：山上徹「文化の伝播と精神的文化の輸出」『関東学院大学文学部紀要』第120〜121号合併号，2010年，2〜6頁より作成。

スリムは固有の精神的文化である一神教の唯一絶対的なる神（アッラー）の教えというシバリに基づいた生活を前提に成立している。それゆえ，イスラム教の社会では「ムスリム流儀のおもてなし」が前提となり，物質的文化や制度的文化は神の教義に反すると判断されれば，排除されることになる。

(3) 多神教の宗教観

多神教は，山のカミ，水のカミ，木のカミ，土のカミ，石のカミ，火のカミなどの神々や精霊などを崇め信じる宗教観に基づく。日本ではさまざまな神々が個別的に神格を持ち，その役割はそれぞれ異なる領域を対象としている。多神教ではさまざまな神々，たとえば，一軒の同じ部屋に神棚と仏壇が隣接して共存している。日本人の多くは異なる宗教であっても一般的に寛大である。双方の間には優劣の差をつけていない。しかしながら，砂漠のオアシスにある都市に誕生したイスラム教の一神教では自然環境の厳しさと同じようにひとつの神のみを専ら信仰する。他方，多神教の人びとは豊かな自然的環境で育まれ，とくに，日本では八百万の神を信仰するがゆえに，寛容・寛大さがある。稲作農耕を基盤とした信仰形態では，日本独自の神道と仏教とを融合した宗教観が形成されている。

(4) 多神教の物質的文化力

　図 11-1 のように多神教の日本のような場合，海外で開発された物質的文化や制度的文化を旺盛に受容し，そのため，日本固有の精神的文化さえも，遅いながらも，変化を余儀なくされてきている。文化要素の精神的文化の一部は基礎的に存続する人びともあるが，一般的に物質的文化を最優先するために人間の精神的文化は物質的文化に容易に適応されてしまう。つまり，イスラム教とはまったく逆の流れで，文化要素は適応の速い順に図 11-1 のように物質的文化を基盤に③⇒②⇒①が基本となっている。それゆえ，社会全体が適応の容易な物質的文化力を優先するかのように変容し，専ら精神的文化は追随を余儀なくされてきている。[2]

3. イスラム教の戒律

(1) イスラム教の宗教制度

　一神教のイスラム教は唯一絶対な聖クルアーンの教えに基づく宗教制度である。制度自体の運用・執行は宗教組織が判断することになる。日本の食ビジネスがイスラム市場やムスリムを対象にビジネスを展開するには，理由を問わず，イスラム教の宗教制度を与件とし，「ムスリム流儀のおもてなし」を実施せねばならない。イスラム教の判断の決定は，次の4つの視点から行われている。[3]
①イスラム教の「聖クルアーン」(Al-Quran：コーラン)がある。
②イスラム教の預言者・ムハンマドの言語録のハディース(Hadith：範例)がある。
③ムスリムのコミュニティー，イスラム教の支持者，つまり，ウラマーの理想的な合意であるイジュマアウラマー(Ijima' Ulama：イスラム法学者による統一見解)がある。
④聖クルアーンおよびハディースの教えの解釈であるキャース(Qiyas：法的類推)がある。

　イスラム教では，いまなお，①聖クルアーン，②ハディースのように古い時

表11-2 イスラム教の六信五行

六信		五行	
アッラー	唯一全能の神、アッラー以外には神はいない	信仰告白（シャハーダ）	「アッラーの他には神はなし。ムハンマドはアッラーの使徒なり。」と唱えて、信仰告白をする
天使の存在（マラーイカ）	天使（マラーイカ）とは神がつくった、神と人間の中間的な存在	礼拝（サラート）	1日に5回、聖地メッカの方向に礼拝をする
啓典（神の啓示、キターブ）	アッラーからのすべての啓示・教典を信じ、コーランが最後の教典である事を信じる	喜捨（ザカート）	貧者に対する施しをする。昔のザカートは宗教税で、収入の2.5%を寄付する
使徒・預言者（ラスール）	イスラム教での預言者はムハンマドである	断食（サウム）	イスラム暦の九月（ラマダーン）は、夜明けから日没までは飲食をしない
来世の存在（アーヒラ）	死後の世界のこと、復活の日、死後の生命を信じる	巡礼（ハッジ）	一生に一度は、聖地メッカの巡礼を果たす
予定・定命（カダル）	アッラーの定め（天命）を信じる		

出典：Roberts, *The of Diverging Traditions*, Artwork and Diagram, 2002, 後藤明監修『世界の歴史 ビザンツ帝国とイスラーム文明』創元社, 2003年, 33ページ参照。

代に形成された法源がムスリムの人びとの生活行動の規範となっている。しかし、近年の科学技術の進歩で禁止対象でない食材などが増加している。たとえば、遺伝子組換え食品はマレーシアでは、イジュマアウラマーにより、判断される。その際、既存の禁止品目から類推や聖クルアーン、さらにハディースの解釈などを適用し、ハラルかハラムかの判断が下されることになる。

(2) イスラム教の最重要な六信五行の定め

ムスリムは神の言葉を守り、生活していると、この世はもちろん、死後の世界においても懲罰を受けることなく、天国へ行けると固く信じている。表11-2のようにイスラム教では信仰の根幹になる決まり事を「六信五行」と表

現している。すなわち，六信とは6つの信仰箇条，根本的な教義にかかわるものが「神(アッラー)，天使，経典，預言者，来世，天命」を信じることである。また，五行とは5つの信仰行為の義務(五柱)として「信仰告白，礼拝，喜捨，断食，巡礼」から構成されている(4)。これらの義務は病人，高齢者，妊婦，旅人などの場合には一応，免除されている。

(3) 偶像崇拝の禁止

偶像とは本来「人形」を意味し，偶像(聖像)崇拝とは，目には見えず，形にはできない神様を形にし，崇拝の対象とすることである。しかし，超越的なる神を人間が勝手に絵や像で表現することができるものであろうか。それを表すこと自体が罪であるとの考え方からイスラム教では神の創作などを禁止している。

神の言葉をアラビア語で記した聖典「クルアーン」(5)では，「あなたがた信仰する者よ，誠に酒と賭矢，偶像と占い矢は，忌み嫌われる悪魔の業である」(第5章90節)，「あなたは偶像を神々となされるのか。本当にあなたとあなたの民は，明らかに誤っていると思う。」(第6章第74節)など，イスラム教では偶像には「神が宿っている」と理解されるが，アッラー以外の神は存在し得ないためである。モスク内では宗教画，聖像もが排除され，他宗教の寺や聖堂とは異なり，内部には宗教シンボルや聖像などの偶像になり得るようなものが置かれていない。キリストの十字架や聖母マリアの像を拝むキリスト教，また，仏像を拝む仏教などとは異なるといえる。

(4) イスラム教のハラルとハラムの違い

ハラル(ハラールとも称す)とはイスラム法で食べることが許されているもの，ハラルに対峙する言葉として，ハラム(harām：ハラームとも)は口にすることを禁止，非合法を意味する。ハラルの食品を食することがアッラー(神)の教えであり，イスラムの信仰の基軸になる部分である。

聖クルアーン⁽⁶⁾では、「人びとよ、地上にあるもののなか、良い合法なものを食べて、悪魔の歩みに従ってはならない」（第2章第168節）、「信仰する者よ、われがあなたがたに与えた良いものを食べなさい。そしてアッラーに感謝しなさい。もしあなたがたが本当にかれに仕えるのであるならば。」（第2章第172節）とあるようにハラルとは、イスラム教徒の食の行動を律する概念である。

このハラルの原則は、「農場から食卓まで（from farm to table）の安全」「農場からフォークまで（from farm to fork）のハラル性保証[7]」という標語にあるように不浄（ナジス）なものと接触させてはならない。ハラムな不浄なものとは、「あなたがたに禁じられたものは、死肉、血（流れる）、豚肉、アッラー以外の名が唱え（殺され）られたもの、絞め殺されたもの、打ち殺されたもの、墜死したもの、絞殺されたもの、野獣が食い残したもの、角で突き殺されたもの、」（第5章3節）、「慈悲あまねく、慈愛深きアッラーの御名において」（第5章第1節）を唱え、頚動脈を切って屠殺されない、いかなる肉類、さらに、アルコール類なども「禁じられた、非合法、ハラム」となる。非ハラル食品とは豚・肉食動物・爬虫類・昆虫類、両生類のカエルやカメ、カニ、さらに、これらからの副産物もハラムであり、食べることが禁止されている。

4．イスラム教の食の5W1H

イスラム教の社会では精神的文化として宗教、唯一絶対的な神を根底にした「六信」を信じなければならない。その上部に制度的文化としてムスリムには「五行」を行う義務が課されている。その最上部に物質的文化にかかわる、ハラルな食生活のみに徹し、ハラムを食べることは禁止している。このようなムスリムのすべての行為が宗教という精神的文化を基盤とした生活の規範で構築されている。そこで、ムスリムにおける食文化をWhen（いつ）、Who（だれが）、What（何のため）、Where（どこで）、Why（なぜ）、How（どのように）という5W1H、いわゆる「六何の法則」で分析すれば、次のようになる。

(1) When

　イスラム教は7世紀頃に成立して以来の宗教である。近年，ムスリムとの国際取引が活発化し，かつムスリムからの訪日観光客が多くなっている。第12章では日本の食ビジネスの対応には東京オリンピック・パラリンピックの開催される2020年までと，それ以降の時期とに対応の違いがあることを明らかにしたい。

(2) Who

　イスラム教では唯一絶対的な神(アッラー)の存在があり，この宗教は預言者のムハンマドが始めた。「アッラー」とはアラビア語でいう「神」であり，アッラーは「創造者・慈悲深きお方・王者・平和なる者・心優しき者等」の美名を持っている。現在，世界で約16億人のイスラム教の信徒がいる。このような異宗教・異文化の人びとを対象に，とくに，訪日する観光客を標的市場とし，日本人あるいは日本食ビジネスはどのようなおもてなしを実施するべきかが大切になる。

(3) What

　ムスリムは全知全能の唯一絶対な神(アッラー)によって「許された，ハラルなもののみ」を食せねばならない。日本の食ビジネスはムスリムの訪日を「ビジネス・チャンス」として捉えている。しかし，日本人の多くは多神教ゆえに倫理観・ハラル・ポリシーが欠如しており，唯一絶対的な神の教義を勝手に捻じ曲げる行為をしないであろうかとの疑問を感じている。

(4) Where

　ムスリムは聖地メッカの「カーバ神殿」の方向に向かって礼拝をする。ハラル食品の生産活動は日本国内へ来日する観光客のみならず，世界各地に居住する16億人のイスラム教徒の暮らす国々が製品の輸出先ともなるであろう。し

かし，ハラルには，農場にて栽培，食材を調達するための物流，製造加工，さらに，輸入・輸出における流通・物流活動全体において，それぞれの接点や段階において合法的でハラルな対応が求められている。

(5) Why

ムスリムは死後，天国へ行くために神の言葉を守る生活を心がけている。イスラム教の信仰の根幹になる決まりごとを「六信」とし，信仰行為の義務として「五行」を遂行するためにも，ハラルな食べ物を食せねばならないという使命感がある。

(6) How

ハラルとは「農場から食卓まで」の全行程が包含される。ハラム（不浄）には直接的なものばかりでなく，間接的な接触であってもハラムとなる。食肉の場合，羊の頭を看板に掲げて売っておきながら実際に売っていたのは犬の肉のような「羊頭狗肉」となるような偽装・偽和（混ぜ物）が起こりかねない。日本の食ビジネスにおいては偽装・偽和などの卑しき行為が食品業界の横並び感覚で行われてきた悪しき慣習が今日でも，存在している。そのような事態が一神教のムスリムに対しても，発生することを危惧する。[9]

5. 一神教の食文化と手食の効果

世界の食文化を俯瞰すると，表11-3のように中国，韓国，日本，台湾，ベトナムの箸食文化圏，ヨーロッパ，北アメリカ，南アメリカ，ロシアなどのフォーク・スプーン・ナイフ食文化圏，そして東南アジア，オセアニア，西アジア，インド，アフリカ，中南米の原住民などの手食文化圏という3つの食事様式に分けられる。食べ物を口へ運ぶ食事様式を世界全体から分類するならば，3つの文化圏によって構成されているといえよう。[10]

(1) 手食の特性

表11-3のように世界の約70億の人口の内,地域的な分布は約三割の人びとが箸で,四割が手で,残り三割がナイフ・フォーク・スプーンで食していることになる。旧石器時代にはチンパンジーや猿などの一部の哺乳類動物と同じく,人類すべてが,手食が基本であった。日本人も含め,民族すべての食具の歴史は,手つかみから始まっている。

1) 聖なる右手

イスラム教,ヒンズー教では,食自体は神から与えられた神聖なモノ,食器・食具は本来,汚れたモノであり,人間が有する手がもっとも清浄という考え方に基づいている。

右手は聖なる手,清浄な手であり,手食の習慣は聖なる手である右手の親指,人差し指,中指の3本の指で食べ物を巧みに挟み,口のなかへ放り込むのである。ムスリムでは左手は不浄で便の始末の手であり,食事や握手の際は使わず,また,礼拝の方向,聖地メッカの方角に向かって排便もタブーとなる。現代日

表11-3 世界三大食の作法

食法	機能	特徴	地域	シェア
手食文化圏	まぜる つかむ つまむ 運ぶ	イスラム教圏・ヒンズー教 人類文化の根源	東南アジア 中近東 アフリカ オセアニア	世界全体の約40%
フォーク食文化圏	切る 刺す すくう 運ぶ	17世紀のフランス宮廷料理の中で確立 パンだけは手で食べる	ヨーロッパ・ロシア・北アメリカ・南アメリカ	世界全体の約30%
箸食文化圏	まぜる はさむ 運ぶ	中国文明の中で火食から発生,中国,朝鮮では箸と匙がセット,日本は箸だけ	日本・中国 韓国・北朝鮮・台湾,その他	世界全体の約30%

出典:石毛直道・鄭大聲編『食文化入門』講談社,2012年,110頁,本田総一郎『箸の本』柴田書店,1978年,8頁より作成。

本人にとっては，手食は未開発，低文化，不衛生，不作法，野蛮などというイメージを持つかもしれない。手食には宗教的な要因に加えて，道具（食器，食具）よりも良く洗った自分の手の方が清潔感を感じ，また，手を使うということで食べ物の手ざわり感や温かさという触覚をも楽しめる。食べ物を口に入れる前に自分の手（指先）の触覚で味わうことができ，食具を使用する食事方法よりも優れているともいえる。たとえば，米の場合，パサパサしたインディカ種は手食が食べやすく，他方，ジャポニカ種の米は，粘りがあり，手（指）に付着しやすく箸で持って食べる方が食べやすい。しかし，日本人の多くは「おにぎり」を手でほお張ると美味しく感じ，また，寿司も手でつまむ方が粋（いき）で美味しく感じる。これらの風習自体は日本人の手食の名残ともいえよう。[11]

2) 手食における車座の作法とタブー

イスラム教の手食の作法は，食事文化の基本であり，出された料理を中心に車座になり，共食することが基本である。隣の者同士が膝を突き合わせて，輪の形に座り，車座（円座）になって食することで，自然とコミュニケーションが図られ，必然的に連帯感が高まる。来客の際，男女別々の部屋で食事をし，人びとの仲間意識を高めるために共食が行われる。しかし，イスラム教徒は，次のような厳しい作法とタブーがある。[12]

① 食事の前後に必ず手と口をすすぐ

② 食べ物は床の敷物の上に並べる

③ 食べる姿勢は片膝を立てるか，アグラを組む

④ 来客の際，男女別々の部屋で食事する

⑤ パンは分配し，料理は共通の器に盛る

⑥ 食べ物は右手のみで触れることが許される

⑦ 断食の月を守り，ハラムな豚類などは食さない

⑧ 火傷するような熱い料理は出さない，食べない

(2) フォーク食の特性

ヨーロッパでは，近世までは手食が主流であったが，17世紀末，パスタが流行し，金属製の四本歯のフォークが発明されたという。ナイフ・フォーク・スプーンの食具は主にヨーロッパ・南北アメリカ・ロシアなどの食具であるが，手食の地域でも多くの人びとが今日，フォーク食である。また，現代日本人は食具として，ナイフ・フォーク・スプーンなども使用している。

(3) 箸食の特性

現在，日本，中国，台湾，シンガポール，ベトナム，タイ，ラオス，カンボジア，モンゴル，韓国，北朝鮮などの国・地域で箸が使われている。「はし」は一方と他方との2つの空間をつなぐ橋渡しの役目をする道具である。はしには，端と端をつなぐ「橋」，高いところと地上をつなげる「はしご」，さらに，食事中に食べ物を移動する際に使用する「箸」とも関連する。

中国と朝鮮半島では匙を主に使う。匙が主で，箸が従となっている。日本人は主に箸のみを使って食事をする文化が育った。また日本では箸を澄まし汁や味噌汁といったスープを飲む場合にも使用し，その際，椀を手に持って箸で口へと注ぎ入れる[13]。

日本の箸は中国や韓国の箸と異なり，先が尖っているのは，魚の骨の間の肉をせせるのには有効になる。また，汁物は椀に直接口をつけて飲むという食べ方をする。日本の食事の際の箸のマナーにはタブーとなる扱いがある[14]。

近年，日本料理や中華料理の世界的な普及により，欧米諸国でも，箸を使える人びとが増え，増加傾向にあり，明確な食具の国別の区分できず，混合形態が一般的である。

6. 宗教上の食のタブーとおもてなし

(1) 食のタブー

特定の食材がタブーとされる理由には，以下の3つに大別できる。[15]
① 宗教による戒律や民族意識の理由から食べることを禁止している
② 心理的に慎むべき俗信・背徳感から食べない
③ 気候風土上から食材として不適なために食べない

特定の食べ物をタブー視する言葉には，忌避と禁忌がある。忌避は嫌って避ける言葉であり，文化上の理由で，牧畜民族は魚介類を食べようとしない。禁忌とはタブーであり，宗教的理由から避けることである。本章では食のタブーを，①宗教，飲食をタブー(禁忌)とされる特定の食材や食べ方をいう。宗教ではタブーを共有することで，一定の仲間意識を鼓舞する役割がある。食肉のタブーが世界各地に存在している。

② 特定の食材が心理的にも背徳感を感じるため，食用化とすることを禁止する場合がある。牛や馬の役畜，イヌ，ネコ，ウサギなどのペット動物，高い知能をもつと考えられている高等哺乳類，絶滅危惧種など，社会で高い価値が認められている動物や植物がこれにあたる。これらに対するタブーは立法化されている場合が一般的である。

(2) イスラム教の食のハラムは健康へのおもてなし

イスラム教は一神教であり，神により統合化された規律を厳しく守っている。1日に5回の礼拝がある。ムスリムは神の前で仲間と共に祈り食べる。豚肉のタブーについては聖クルアーンが定めた戒律がある。イスラム教徒は全知全能の唯一絶対の神(アッラー)の，「許された，ハラルなもののみ」を食することを推奨しているが，それは信徒らへの肉体と精神の健康のためのおもてなしを戒律化しているものである。イスラム教の「聖クルアーン」(5章3節)において食することをタブーにする理由については，次のような説が存在する。[16]

① 死肉や死んだ動物は腐敗過程で人間に有害な化学物質が形成され，人間が食べるには適していない。
② 動物から出る血液は有害な細菌，代謝産物，毒素が含まれている。
③ アルコールの飲酒は神経系に害を及ぼし，人間の判断力に影響を与え，社会問題や家族の問題へと発展し，人体に害があり，死をも引き起こす。そのために，アルコールが添加されている醤油や味噌も禁止されている。
④ 寄生虫による病気を避けるためである。豚の病原性寄生虫が人間の体内に入る媒介生物である。とくに，サナダムシの一種の有鉤条虫症や旋毛虫症などは人獣共通の感染症を発症するためである。
⑤ 豚肉を食べるキリスト教との差別化をするためにタブーとしている。
⑥ 羊，山羊などは草を食べて体を大きくし，乳を生産するが，豚は反芻しない動物，とくに，豚は遊牧の中東の風土に適さないことにある。

　イスラム教でタブーな食べ物は死肉と血，豚肉などである。死肉とは自然死した動物とイスラムの儀式によらないで殺された動物の肉をいう。そのため，イスラム圏では冷凍肉や肉の缶詰などを輸入せず，生きた羊などを船にて輸送する。とくに，豚が禁じられているのは豚が不潔・不浄で病原菌に冒されやすく，脂肪分の多い肉が身体に悪影響を与えるというヒトへのおもてなしの精神に基づいている。また，イスラム教でアルコール類の飲酒は神経系を犯すというおもいやりの心から禁止されているといえよう。

(2)　他の一神教の食のタブー

　他の一神教の食のタブーは，次のようになっている[17]。

1) ユダヤ教の食のタブー

　旧約聖書(レビ記11)[18]では，食べて良いモノと，食べてはいけないモノを明確に区分している。食べ物は神が許可し命令し統合するものであり，その掟に欺く者は厳しく処罰される。旧約聖書では哺乳類で食べて良いものと，食べてはいけないものがあり，また哺乳類以外で食べて良いものに分けられている。た

とえば，クジラやイルカは鱗がない水棲動物なので，ユダヤ教ではレビ記第11章の条件にあてはまらないため，カシュルートにより食用禁止となる。

日本，ノルウェー，アイスランドやフェロー諸島，インドネシア等では伝統的に鯨が食肉として食べられている。鯨肉を食べない国からは種の保存の観点で保護が求められている。

2) キリスト教の食のタブー

聖書(マルコによる福音書)では[19]，「外から人の体に入るもので，人を汚すことができるものは何もなく，人のなかから出て来るものが，人を汚すのである」(第7章15)，「それは人の心のなかに入るのではなく，腹のなかに入り，そして外に出される。こうして，すべての食べ物は清められる」(第7章19)とある。キリスト教では食べ物は腹に入り，ヒトの心を汚すものではなく，食べ物自体に関するタブーは基本的に存在していない。

ヨーロッパのワイン，パン，菓子などは古代ローマ帝国が滅亡すると，その製造技術は修道院，領主へと引き継がれ，聖バレンタインデーのチョコレート，復活祭の卵(イースター・エッグ)などのようにキリスト教では菓子やパンが多くかかわっている。

7. 世界三大料理・トルコ料理の手食のおもてなし

世界三大料理といえば，一般に表11-4のように①トルコ料理，②フランス料理，③中華料理であると評定されている。

(1) 手食のトルコ料理

1) オスマン帝国のトルコ

トルコ共和国のオスマン帝国(1299～1922年)の時代はバルカン半島を中心として栄えたイスラム国家であった。しかし，第一次世界大戦でドイツ側につき，敗戦により，それまでの多くの領土を失ったが，その後，トルコは大胆なヨー

表11-4　世界三大料理の特性

料理名	概　要
トルコ料理	手食文化圏，オスマントルコ帝国の拡大とともに広まり，遊牧生活の知恵でヨーグルトを古くから食した。イスラム教の影響で豚肉は用いない
フランス料理	フォーク文化圏，西洋料理の最高峰，18世紀のルイ王朝の宮廷料理で現在のような華麗な姿に進化した。
中華料理	箸食文化圏，東方の料理は酸っぱく，南方は淡泊，西方は辛く，北方は塩辛い傾向がある。

出典：服部幸慶『世界の四大料理基本事典』東京堂出版，2003年，182頁，岡田哲『食文化入門百問百答』東京堂出版，2014年，52，108頁より作成。

ロッパ型の経済発展を目指していた。さらに，2002年以降，中東のアラブ諸国との関係を優先するようにもなった。このようなトルコではあるが，親日国としても有名である。

2) 世界三大料理・トルコ料理

食材・料理の品目も多く，美味しい中華料理，また，全世界に普及しているフランス料理と同様に，トルコ料理が世界三大料理ということに不思議さを感じるかも知れない。その基準は，単に美味しいだけで世界三大料理と称されたのではない。オスマン帝国時代から料理の体系やその文化的背景についても想いを巡らしてみるとトルコ料理が世界の三大料理である理由が明らかになる。6世紀，エジプトからコーヒーを取り入れ，トルコ・コーヒーとしてヨーロッパへ伝えた。オスマントルコが勢力を拡大するにつれ，世界に大きな影響を与え，オスマン帝国の宮廷料理としてトルコ料理が発達した長い歴史がある。つまり，地球上のいくつかの食文化の代表として手食のトルコ料理が選ばれている。トルコ料理はアラビア文字圏・イスラム圏内の料理・食文化として世界三大料理に選ばれているといえよう。[20]

3) トルコ料理の特性

食文化自体は本来，文化の担い手である人間と，食材を育む自然環境とに深い関係がある。遊牧生活が主流であったトルコ民族は食べ物を保存するワザに優れていた。トルコ民族はヨーグルトを古くから食していた。ヨーグルトは肉

料理にかけたり，調味料として使われている。トルコ料理の最大のベースはイスラム教の食文化の影響で，肉は羊が主流であり，豚肉は使用しない。串刺しの肉を焼く野趣に富んだシシ・ケバブ(sis kebabi)が有名である。

(2) フォーク食のフランス料理

格式の高いテーブル・マナーを基調とし，洗練されたフランス料理の原点は18世紀のルイ王朝の宮廷の食卓にあった。フランスはもともと気候が温暖で，農業・畜産業・漁業が盛んであり，豊富な食材に恵まれ，多彩なソース，スパイス，ハーブを利用する調理法が発達した。

(3) 箸食の中国料理

中国の食文化は三本の大河，いわゆる黄河・揚子江・珠江の影響を受けてきた。中国料理の味を大別すると，「東方の料理は酸味があり，南方は淡泊，西方は辛く，北方は塩辛い[21]」という。中国の料理の歴史は長く，その目的は不老長寿にある。それは単に外観の美しさよりも味覚と栄養が配慮されている点に特性がある。中国人は円卓を囲み，食卓の中央に大きな皿やどんぶりを配し，一同で会食する様式が一般的である。一卓の料理数は奇数ではなく，偶数の4種，6種，8種などのように偶数の倍数となっている。中国料理は調理に香辛料と油脂類を大量に使用するのが特徴である。調理方法は「湯，炒，炸，溜，会，

表11-5 中国の四大料理

料理名	概　要
北京料理	宮廷料理の影響，味は淡泊，小麦粉を良く使用。北京ダック，餃子，包子，各種麺類等。
上海料理	魚介類に恵まれ，味は濃い，煮込み料理が多い。小籠包や秋に上海蟹が有名。
広東料理	魚介類をはじめ，「食は広州にあり」といわれ，鳥獣虫蛇なんでも，あらゆるものが食材になる。華僑が世界中に広めた料理。
四川料理	トウガラシ・山椒の辛さが特徴で，麻婆豆腐，タンタン麺等。

出典：岡田哲『食文化入門　百問百答』東京堂出版，2014年，60～61頁より作成。

蒸, 燉, 滷, 烤, 拌」の10種類がある。広大な中国では気候や風土も異にし, 地域ごとにいくつかの系統に分類できる。

　表11-5のように中国では代表的な北京料理(北京ダック・水餃子), 上海料理(小籠包・上海蟹), 広東料理(点心), 四川料理(麻婆豆腐)の4系統に分けられる。また, 中国料理は華僑により世界中に広められたが, 世界各地で独自の進化を遂げ, 本国・中国にはない中華料理が存在している。日本における三大中華街とは, 横浜中華街(横浜市), 神戸南京街(神戸市), 長崎新地中華街(長崎市)である。

(4) 手食のトルコ料理のグローバル化

　以上のように食は文化を写す鏡である。世界三大料理を, トルコ料理, フランス料理, 中華料理とした。地球上, それぞれの国は異なる食文化圏に属している。

　漢字圏で, 箸を考案した中国の箸食文化圏の中華料理, 一方, ローマ字圏の西欧では17世紀に至るまで西欧世界の食文化を代表してきたイタリア料理を推したいところである。しかし, 18世紀から20世紀に至る西欧文化の粋を代表しているフランス料理は外交官などの公式の会食料理となっている。さらに, トルコ料理は, 箸文化圏の中華料理, フォーク食文化圏・ローマ字圏に属するフランス料理ほど決定的に認知度では高くない。しかし, アラビア文字圏におけるイスラム圏・手食文化圏の料理としてトルコ料理は洗練された食文化体系・料理体系を有している。

　すでに, 中華料理やフランス料理はグローバル化を果たしている。しかし, トルコ料理は世界的な広がりは狭く, 認知度もやや劣る。それは逆に今後, トルコ料理は, グローバル化の波に巻き込まれて食文化の移転や変容の諸問題などが起こる可能性が高いともいえよう。

注

(1) 日本ムスリム協会編『日亞対訳・注解　聖クルアーン』日本ムスリム協会，1983 年，29，598 ページ。
(2) 山上徹「文化の伝播と精神的文化の輸出」関東学院大学文学部紀要，第 120～121 号合併号，2010 年，2～6 頁参照。
(3) 並河良一『ハラル食品マーケットの手引き』日本食糧新聞社，2013 年，17～18 頁参照。
(4) Roberts, *The of Diverging Traditions*, Artwork and Diagram, 2002.（後藤明監修『図説世界の歴史(4)　ビザンツ帝国とイスラーム文明』創元社，2003 年，33 ページ。）
(5) 日本ムスリム協会編，前掲書，141，161 ページ。
(6) 同上書，30 ページ。
(7) 並河良一，前掲書，24 頁。
(8) 日本ムスリム協会編，前掲書，124，123 ページ。
(9) 松井秀司「イスラム圏からの観光客誘致―東南アジアのムスリム観光客を日本へ―」『自治体国際フォーラム』自治体国際化協会，2014 年 2 月，7 頁参照。
(10) 岡田哲『食の文化を知る事典』東京堂出版，1998 年，45 頁参照。
(11) 同上書，45～47 頁参照。
(12) 同上書，47～48 頁参照。
(13) 徳久球雄『食文化の地理学』学文社，1995 年，37～46 頁参照。
(14) 北岡正三郎『物語　食の文化』中央公論新社，2011 年，235 頁参照。
(15) 石毛直道・鄭大聲『食文化入門』講談社，1995 年，123～131 頁参照。
(16) 河合利光編著『食からの異文化理解』時潮社，2006 年，42 頁参照。
(17) 岡田哲，前掲書，160～162 頁参照。
(18) 日本聖書協会『聖書』「旧約聖書レビ記第 11 章」1963 年，148～149 ページ参照。
(19) 同上書，「新約聖書マルコによる福音書第 1 章」62 ページ。
(20) 石毛直道監修，鈴木董『世界の食文化 9 トルコ』農山漁村文化協会，2003 年，27～28 頁参照。
(21) 服部幸應『世界の四大料理基本事典』東京堂出版，2003 年，182 頁。

第12章
ハラル・フードチェーンと訪日ムスリムへのおもてなし

1. ムスリムに対する食のビジネス・チャンス

　東京オリンピック・パラリンピックが開催される2020年には，訪日外国人観光客数が2,000万人を超え，また，それ以降でも，すでに訪日した人びとの口コミなどの影響もあり，さらに，訪日する外国人数が増大することが予測できる。イスラム圏には約16億人の人びとが生活しており，イスラム圏からも，日本ファンが大勢，来日する可能性が高く，日本に異文化交流時代が到来することになろう。ムスリムの来訪の需要を見込みハラル認証取得が「ビジネス・チャンス」と考えられ，日本の食ビジネス業界では近年，ブーム化している。
　本章では，イスラム教の教義の特性を考察し，「ムスリム流儀のおもてなし」ともいうべき，完全なハラルとはどのような制度であるかを明らかにする。そして，実際に日本ではインバウンドするムスリムの目線に立ったハラルのおもてなしとなっているか否かを考える。とくに，日本の食ビジネスはムスリムへの宗教的にも合法的なハラル基準を完全に充たし，Win-Winの目線となることの必要性を提起してみたい。

2. ムスリムの人口分布と訪日観光客

(1) ムスリムの人口分布
　表9-4にすでに示したようにイスラム教徒の人口は，2013年現在，15億9,630

万人と世界人口の22.3％となっている。一般的にイスラム教諸国とは中近東の宗教というイメージが強いが、しかし、実態は明らかにアジア地域の人口比率が高い。そのなかでも、アセアン諸国では、人口約6億人の内でムスリム人口が約45％の2.8億人となっている。[1]

(2) 訪日観光客数とムスリムの日本滞在者数

　表12-1のように2013年の訪日観光客が1,036万人となったが、観光庁では2020年には2013年の訪日観光客数は約二倍の2,000万人と予測している。その内訳は第一位が韓国ではなく、中国が約600万人と逆転し、第一位となり、第二位の韓国は約400万人、第三位は台湾で約200万人となっている。全体に占める割合の60％の約1,200万人が3つの国・地域と予測されている。一方で、イスラム圏のマレーシアは2％の40万人であり、また、日本政府は2013（平成25）年にインドネシアに対し、数次ビザ（査証）の滞在期間を30日に延長した。今後、さらに、ビザ免除が行われよう。しかし、ビザ発給要件の緩和化以前（2009年1月）におけるインドネシアの2020年の予測値は訪日観光客2,000万人に対し、1％の約20万人となっている。世界のイスラム圏の人口数は多くとも、2020年には、イスラム圏からの訪日観光客数の急激な増大は期待されず、微増に留まると予測されよう。

　全訪日観光客数に占めるムスリムの比率は低く、少数派といえる。しかし、日本政府は段階的ながら、イスラム圏などの訪日ビザの緩和化を実施しており、2013年、ベトナム、フィリピンに対しては数次ビザを発給した。また、タイ、マレーシアに関してはビザ取得を免除しており、恐らく、2020年以降には、イスラム圏の人口規模数に比例し、訪日観光客数の増大が期待できよう。

　表12-2のように、2012年における日本国内のハラル食品市場の推計値があるが、イスラム教の人びととは、日本人は約1.9万人、在留外国人10万人、訪日観光客数約14万人、合計で26万人である。その市場規模は決して大きいとはいえない。しかし、2020年以降、長期的な観点において、アセアン諸国

第 12 章　ハラル・フードチェーンと訪日ムスリムへのおもてなし　181

表 12-1　訪日観光客数の比率と予測値

国・地域	2013 年		2020 年	
	万人	%	万人	%
韓　　国	246	23.7	400	20.0
中　　国	131	12.7	600	30.0
台　　湾	221	21.3	200	10.0
香　　港	75	7.2	80	4.0
タ　　イ	45	4.4	70	3.5
シンガポール	19	1.8	70	3.5
マレーシア	18	1.7	40	2.0
インドネシア	14	1.3	20	1.0
他のアジア諸国	44	4.2	50	2.5
英　　国	19	1.8	30	1.5
ド イ ツ	12	1.2	30	1.5
フランス	15	1.4	40	2.0
他の欧州諸国	44	4.2	90	4.5
ロ シ ア	6	0.6	20	1.0
アフリカ	3	0.3	10	0.5
米　　国	80	7.7	130	6.5
カ ナ ダ	16	1.5	40	2.0
中 南 米	7	0.6	30	1.5
オーストリア	24	2.3	40	2.0
他のオセアニア	4	0.4	10	0.5
合　　計	1036	100	2000	100

出典：国土交通省観光庁『2020 年・観光を通じた日本の変革』2014 年等より作成。

表 12-2　日本国内のハラル食品市場の推計値（2012 年）

	イスラム教徒数（1000 人）	食料支出（億円）	ハラル食品市場規模（億円）
日本人	18.5	49	10
在留外国人	100	260	50
訪日観光客	142	100	30
計	260.5	409	90

出典：平河良一「食品のハラル制度の解説―実務の視点から―」『食品と科学⑤』食品と科学社，2014 年，18 頁より作成。

の経済成長を考慮すれば，ムスリム市場は増大する可能性を秘めており，日本へのインバウンドにおいても「ハラル・ビジネス」が可能となるであろう。しかも，ムスリムの訪日観光客数や在留外国人数が増加した場合，そのような人びとに対しては，イスラム法（シャリーアとも）で合法的となる「ムスリム流儀のおもてなし」が必要となるので，適切な対応が必要となるであろう。

3. 正規のハラル認証機関とその他のハラル認証

　イスラム教では，ハラル認証やハラル・ロゴを表示することにより，ムスリムの消費者が適格に商品を選択できるようになる。しかし，現在のところハラル認証やハラル・ロゴは，イスラム教諸国でも統一化されておらず，ハラル認証を取得したい日本の食ビジネスにとっては，どこの国・地域でハラル認証を取得するかが問題である。また，日本国内でも多様な選択肢が存在している。日本の食ビジネスのハラルへの対応には，表12-3のように4つのパターンがある。しかし，ハラル認証を取得する方法には，厳格には，次の2つの方法が考えられよう。

表12-3　日本国内のハラルへの対応策

①正規認証ハラル	②ローカル・ハラル
当該国が認証を認める機関，輸出可能な認証機関による認証行為，ムスリム流儀なおもてなし　輸出関連事業全般	日本国内の認証行為を生業とする法人・団体等による認証行為，ムスリム的なおもてなしの認証　主に国内流通・観光の関連する事業
③ムスリム・フレンドリー	④プライベート・ハラル
ルールやロジックのトレーニングを通じ，ムスリム的なスタイルのおもてなしの環境づくりのアドバイス，ムスリム的なおもてなしへの普及，行政，自治体，観光関連サービス業	在日ムスリム，ムスリマによる生活資源の確保と提供機会の確保を目的とした行為，ムスリムの個人的なおもてなし，在日ムスリムによる多種多様な生業全般

出典：一般社団法人国際観光政策研究所「R&F Tourism 概論」2014年4月12日，ameblo.jp/cosmopolitanism/entry-11820786427.html（最終アクセス：2014年12月26日）より作成。

(1) 海外からの正規のハラル認証

イスラム教諸国では正規の「ムスリム流儀のおもてなし」となる認証機関が存在している。マレーシア(JAKIM)，インドネシア(MUI)，シンガポール(MUIS)などの海外認証機関に申請し，現地の審査員による審査を経て現地の認証マークを取得する。海外からの正規のハラル認証を取得する際，厳格な「ムスリム流儀のおもてなし」を徹底せねばならない。

1) グローバル・ハラル・ハブ

「グローバル・ハラル・ハブ」を国家戦略とするマレーシアでは，国際的に通用するハラル認証制度を確立するために，政府公認のハラル認証機関(JAKIM)が1968年に設立され，また，1971年より，ハラル認証制度を開始した。さらに，2013年7月からは食品・化粧品・医薬品をはじめ，物流に関するハラル認証(MS2400)という以下のように「川上の農場から川下の食卓まで」の「ムスリム流儀のおもてなし」が保証される認証制度が確立されている。

① 小売業者(小売業務の認証)
② 製造業者(食品の認証，化粧品の認証，医薬品の認証)
③ 物流業者(輸送業務の認証，倉庫業務の認証)

マレーシアではハラル・フードの輸出産業を育成させるためにマレーシアのハラル産業開発公社(HDC)がハラル・パーク(ハラル商品工業団地)への企業誘致活動を行っている。それゆえ，ハラル認証団体から業種別の認証を受けることがイスラム圏とのビジネス活動では，大切な条件となる。とくに，マレーシアのハラル認証は「国家によるハラル認証」というお墨付きでもあり，世界的にも厳格な認証制度として高く評価されている。(2) ハラル認証の取得後も定期的な審査が行われ，また，通報があった場合，特別な検査も行われる。正規の認証機関では，このように認証後も厳しくコントロールされることになる。

2) マレーシア日通のハラル認証

マレーシア日通では「ムスリム流儀のおもてなし」を実現させるために，2013(平成25)年9月にハラル認証(MS2400)の取得申請をし，2014年12月に，

その認証を取得したのである。さらに，同社はイスラム法に関わるコンプライアンス認証(MS1900)をも取得している。将来的には，マレーシアに進出している日系企業へのマレーシア国内のトラック輸送にかかわるハラル物流サービスの提供・販売をはじめとし，今後，マレーシアを拠点として，インドネシア・バングラデシュ，さらに，中東・アフリカといった巨大なイスラム経済圏へのネットワーク戦略を展開することを期待したい。そのためにも，物流業者としては，常にイスラム教の戒律に従った「ムスリム流儀のおもてなし」を最適に提供せねばならないであろう。[3]

(2) 日本国内のローカル・ハラル認証

「ムスリム流儀のおもてなし」という正規のハラル認証を取得するには，ムスリムとのコミュニケーションの障壁があり，また認証のための審査に渡航費用などの諸費用が発生し，企業負担が増加する。そこで，日本国内では，数多くのハラル認証機関，たとえば，宗教的な基盤もなく，NPO法人，営利目的のコンサルタントの組織，さらに個人的に認証している機関等も存在する。しかし，以下の団体等は，海外のハラル認証機関と相互認証で海外の正規の認証だけでなく，とくに，日本国内のローカル・ハラル認証，つまり，「ムスリム的なおもてなし」となる手続きを斡旋している。後者の認証の場合，直接，海外機関にて申請する場合よりも，費用的には安くなる。ただし，ローカル・ハラル認証は国際的な互換性がとれていない場合が一般的である。「ムスリム的なおもてなし」のロゴ・マークの使用では世界市場では通用しない場合が多い。「日本国内で認証を取得しても，その認証機関のマークしか付けられない。その認証機関が輸出先であるイスラム国の公認を得ていても，貼付できるのは国内の認証マークであり，輸出先ではほとんど知られていないローカル・ロゴの場合が多い。」[4]

① 宗教法人日本ムスリム協会(JMA)
② 宗教法人イスラミックセンター・ジャパン(IJC)

③宗教法人日本イスラーム文化センター

④NPO法人日本ハラル協会

　たしかに，日本国内市場のみの場合，現在のところイスラム教市場は小規模であり，完全なハラル化はコスト高であり，時期尚早と捉えられがちである。ハラル性が多少保証できる程度，つまり，「ムスリム的なおもてなし」で十分という考え方になる。一部の食ビジネスでは，専ら「ムスリム的なおもてなし」で形式的に認められれば良いと，費用が安く，比較的審査の甘い機関から認証を取得しようとする[5]。しかし，このハラル問題は神の前で絶対性が問われる問題である。それはムスリムの信仰への配慮性があるか否かが問題となる。その食品・料理が実質的にハラルでないとなれば，神を冒とくしていることになる。深刻な国際問題へと発展する可能性があることを心せねばならない。

(3) その他の正規でないハラル認証

1) プライベート・ハラル

　在日ムスリムなどが独自に認証しているプライベート・ハラル認証がある。日本に滞在しているムスリム出身者が，プライベートに「ムスリム的なおもてなし」に近いハラル食品を製造・販売している場合である。一般的には，ムスリム出身者がムスリム同士で食品類の取引をしている場合が該当する。

2) ムスリム・フレンドリー

　「ハラル」という言葉は宗教上の用語であり，日本の行政機関が政教分離を原則としている以上，ハラル証明書などは発行できず，単に「ムスリム的なおもてなし」を提供できるように食ビジネス業界へ指導を行っている。ムスリム・フレンドリー（Muslim Friendly）とは，訪日するムスリムの人びとへハラル性を保証，かつ安全・安心な環境を提供するための目安的な考え方などを指導している。基本的に行政機関や観光ビジネスではハラルという宗教上の用語の使用を避け，「ムスリム・フレンドリー」というWin-Winとなる用語が使用されている。この用語は完全なハラルではないが，一応，ムスリムに対し，ハラル化

を心掛けているという程度の意味で使われている。たとえば，沖縄県の公共団体と民間の共同プロジェクト「Muslim Friendly Okinawa」，新横浜ラーメン博物館の「ムスリム・フレンドリーメニュー」，豚肉やアルコール等を使用せず，ハラル認証を得た食材を使用した「ムスリム・フレンドリーメニュー」を「京料理　嵐亭」で，さらに，関西のホテル業界でも「ムスリム・フレンドリーメニュー」や「ムスリム・フレンドリーサービス」などと称して，良く使われるようになった。

4．イスラム教におけるハラム事件例

　2013年の宅配業者による「クール宅配便」や日本郵政の「チルドゆうパック」の温度管理問題は，消費者の立場を軽視した倫理観の欠如した行為であった。近年，食の安全・安心の関心が高まり，偽装問題が各方面で露呈し，話題となっている。

　ムスリムとのビジネスの場合，それは法律問題というよりも，アッラーという神の前で問われることゆえ，その判断は宗教上の精神に基づいていることを忘れるべきではない。しかし，イスラム教諸国内においても見解が異なることが多いが，次のような事例からも，日本の食ビジネスはイスラム教の教義自体を深く理解して置かねばならない。

(1)　味の素事件

　2000年12月頃，インドネシア・ウラマー評議会は，インドネシアで生産されている日本の味の素の生産工程で豚の酵素が触媒として使用されているとした。出来上がった製品に豚の成分が入っていたわけではなかったので，インドネシアのイスラム指導者らの間でも判断が分かれていた。しかし，裁判でハラム判決となり，現地法人のインドネシア味の素社の社長が逮捕され，味の素の製品がインドネシア市場から一時，姿を消した。インドネシア味の素社は謝罪

し，速やかに商品を回収した。これは食材として豚の成分を使用してはいなかったが，発酵菌の栄養源を産出する過程でアメリカからの輸入品である豚の酵素を触媒として使用していた。その後，豚の酵素を使わない触媒に切り替え，2001年2月には製造・販売許可が下り，社長も釈放され，製造販売を再開した。[7]

(2) ポケモン事件

神や仏を模した像の偶像については，先に述べたように聖クルアーンで「偶像崇拝の禁止」がなされている。しかし，偶像とは，あこがれや尊敬・妄信，たとえば，アイドルや映画俳優などのプロマイドも対象になり得る。2001年，アラブ首長国連邦のイスラム宗教局は，日本製のポケモンをハラーム（禁忌）と認定した。それはイスラム教で否定しているダーウィンの進化論をポケモンでは示唆しているとした。ファトワー（宗教見解）に基づきドバイではアニメの放送が禁止され，ポケモン・グッズが店頭から撤去された。同様に，イスラム教保守派に支配された諸国ではポケモンを反イスラム教的と認定し，ゲームやグッズの販売制限を行った。サウジアラビアやカタールでは，ポケモン自体がハラムとされ，全面的に発売禁止となった。[8]この事例からムスリム諸国の場合，食ビジネス以外の商品でも，ハラムの対象となることを認識するべきである。

5.「川上の農場から川下の食卓まで」のハラルのおもてなし

食品がハラルであるためには，「農場から食卓まで」と先に述べたように，それは川上の農場から川下である消費者の口元にいたるまでのフード・チェーンの全段階でハラル性が求められている。ムスリムに対するハラルには，次のような段階区分ができる。ハラムには全体的な最適化が求められている。[9]

(1)　「川上の栽培・屠殺の段階」

　①作物を栽培する際，ハラムな豚糞などを肥料として使用してはいけない。その後，その作物を家畜の飼料として使用すれば，ハラムな食材となり，そのため，土壌づくりから一貫したハラル策が必要となる。

　②家畜の屠殺の際，イスラム教の教義に基づき，「慈悲深く，慈愛あまねきアッラーの御名において」を唱えて処理されねばならない。それ以外の屠殺はハラムと見なされる。

(2)　「川上の調達物流の段階」

　③川上の農場から食品加工する工場までの川上の調達物流の際では，荷役では不浄なものと混載することを避け，専用の荷役機材で作業し，また，運送手段においても車両の専用化，隔離化をして運び，不浄なものと接触し，混載したりしてはならない。

　④保管の際でも，工場内，倉庫内では製品や食材がハラムなものから隔離されていなければならない。保管場所や運送手段，さらに，冷蔵庫からトラックまで，豚や豚由来成分との混載は不可であり，すべて別々にする必要性がある。

(3)　「川中の製造・包装の段階」

　⑤川中で製造する際，工場内の加工機材が不浄な材料で，不衛生的であれば，ハラムと見なされる。また，工場周辺に養豚場などの不浄な発生源がないことが必要である。

　⑥食品の包装・パッケージングの際でも，包装・容器類の材料がハラルでなければならない。包装・パッケージング工程は，衛生的・清潔さが求められ，包装の表示，デザインについてもイスラム法の教義に違反しないことが必要になる。

(4) 「川中の配送物流の段階」

⑦ 川中の食品加工工場の製造工程により，製品の配送物流では調達段階と同じように荷役では不浄なモノと混載することを避け，専用の機材で作業し，また，運送手段においても車両の専用化，隔離化をして運び，不浄なモノと接触し，混載したりしてはならない。

(5) 「川下の販売・陳列の段階」

⑧ ハラムな不浄な商品とは，別の陳列ケースにて分別し，双方の接触を避けねばならない。非ハラルなモノとの隔離の度合いは国毎で異なる。

(6) 「川下の調理の段階」

⑨ 厨房はハラル専用とし，ハラムなモノとの接触を避けねばならない。たとえば，冷蔵庫内にハラルとハラムを一緒に保管できず，また，台所用品の包丁・まな板などはすべて分別が求められている。

以上のようにハラルの食材には主原料，副原料および添加物までも包含されており，また，製品の生産工程，流通行程，さらに，最終の加工調理工程においてもハラムとの汚染を防止せねばならない。つまり，ハラル食品とは「農場から食卓まで」の川上から川下というすべての段階で統合的に最適化したマネジメントが求められている。

6. 日本の食ビジネスに対するハラルの安全・安心のおもてなし

(1) 人びとの安全と安心の捉え方の違い

ムスリムの人びとに対し，合法的なハラルか，ハラムであるか否かは，ハラル認証取得の有無にかかわらず，基本的には「安全・安心」が問われることになる。安全は科学的な根拠となる客観的な尺度，数値分析で証明できる。他方，安心とは主観的な尺度で自ら理解・納得し，心配や不安がない心的な「思い込

み」という信頼性が加わり，数値化は難しい。

安心＝安全＋信頼性

ムスリムの人びとには，「農場から食卓まで」のハラル食品の安全・安心性が確保されねばならない。「必要条件である食の安全だけでなく，十分条件である食の安心をも満たすことが必要になる。」[10]「安全・安心」は双方の条件が一致する場合もあるが，一般に安全を数値で示されても，安心さを充たす信頼性が確保できていない場合が起こる。

(2) アウトバウンドの安心

世界のムスリムの人口規模は16億人と大きく，イスラム教諸国へのアウトバウンドでは規模の経済性が発揮できる可能性がある。それゆえ，イスラム諸国では本質的にはハラル・フードチェーンによる安全性の強調のみでは通用せず，当事国のトータルなハラル認証取得に基づく厳格な「ムスリム流儀のおもてなし」であれば，ムスリムの人びとも「安心」するであろう。ムスリムは「聖クルアーン」に基づく厳格なハラルであれば，安心できる。単なるデータなどの詳細な数値分析から安全性をいかに示しても，多くのムスリムは，安心しないであろう。ムスリムの安心の信頼性とはイスラム教の教義に基づく「ムスリム流儀のおもてなし」であるか否かが判断基準となる。

(3) インバウンドの安全性

日本の食ビジネスでは法治国家を自負し，数値上や法令だけを守れば良いと考えがちである。とくに，神の存在の有無に無関心であり，専ら経済合理性を基軸とした費用対効果を優先する傾向がある。ムスリム・マインドの欠如している日本の食ビジネス業界では，将来，「ビジネス・チャンス」が到来すると捉え，便宜的・形式的に「ムスリム的なおもてなし」のためにハラル認証を取得しているに過ぎない業者も少なくはない。日本国内のハラル認証取得は，完全な正規の「ムスリム流儀のおもてなし」のハラル認証への対応ではなく，日

本国内では時期尚早で当面，宗教上のトレーニング期間と捉え，費用が安いローカル・ハラル認証を取得する場合が多い。また，2020年までは，ムスリム・フレンドリーな「ムスリム的なおもてなし」を学習し，安全性を誇示している程度の食ビジネスもある。それゆえ，イスラム教諸国の現地の人びとが自国内で食品を消費する場合と異なり，日本でいかに安全度が高いと数値を示したとしても，容易に安心さを充たす状況にはならないであろう。ムスリムの人びとには，数値的な安全度ではなく，むしろ宗教上，神に対し，心配や不安がないハラルの「安心さ」であることを再認識するべきである。

7. 物流行程のハラル・フードチェーンのおもてなし

(1) ハラルの流通チャネル

　現代は，製品の生産と消費を結ぶ流通活動が必要となる。川上の生産の場と川下の消費の場が異なり，場所的な隔たり，時間的な隔たりが存在する。それゆえ，生産と消費の間に中間の川中ビジネスとして流通業者が介在する。食肉の流通チャネルは他の食品と異なり，川上の家畜の飼育後，集荷段階⇒産地食肉センターなどで屠殺・解体段階⇒卸売(二分割の枝肉，肩・ロースなどの部位肉・部分肉)では，川下のスーパー，デパート，大口需要者へ分荷⇒食肉小売(精肉・用途別パック)の店頭販売となり，販売後に食卓で最終消費される。[11] つまり，イスラム教では川上の発地(農場・生産地)から川下の最終地(飲食店・食卓)の間，生産・流通・消費のすべての段階でハラムとの接触(間接的接触を含む)を避けねばならない。ハラルな牛肉・鶏肉・羊肉などを取扱う場合でも，豚肉や豚由来成分，アルコールなどとは分離された別の工程，つまり，専用化・隔離化が必要となる。

(2) サプライチェーン

1) 全体的な最適化

　現代では，物流システムをあるひとつの食ビジネスの内部に限定することなく，複数の企業間で統合的な物流システムを構築し，供給連鎖管理というサプライチェーン・マネジメント(supply chain management：SCM)が行われている。それは「原材料供給メーカーからの供給された原材料を製造業者が製品にして，流通業者や運送業者の手を借りて，最終顧客まで届ける道筋であり，価値の連鎖」[12]をいう。それに介在する企業・部門の間の部分・点(point)の最適化ではなく，ビジネス・プロセスの全体的な最適化を目指す。つまり，素材のサプライヤー(供給)とチェーン(連鎖)により，供給にかかわる企業連鎖により，最終消費者へ届くまでのプロセス全体をマネジメントする。

2) サプライチェーンの力関係

　サプライチェーン・マネジメントでは全体的な最適化でムダが無くなるが，どのような食ビジネス(主体)がよりその恩恵を受けるであろうか。サプライチェーンを構成する主体は基本的に独立した食ビジネスの存在である。連鎖する食ビジネス間を結合する企業とは，「経済的取引」の力関係に基づく。サプライチェーン内の経済的取引は利害相反，力関係に支配される。上位(Win)と下位(Lose)にある双方(買う側，売る側)の経済的取引においては，対等の関係でなく，Win-Lose の関係になってしまう。理論的には企業間の交錯している分野を全体的な観点から最適計画と責任を分担し合うことにより，Win-Win の関係が構築でき，費用の削減・節約が可能になるであろう。しかし，ピラミッド組織の全体的な頂点に位置する大企業(上位)が集権的調整や全体的な最適化を推進するために，頂点にある大企業は効率的な運用を強要し，Win-Lose の力関係から遂行するのが，一般的である。

(3) ハラル・トレーサビリティの追跡行程

　ムスリムの「川上の農場から川下の食卓まで」をハラル・フードチェーン

(Halal food chain)と置き換えることができる。イスラム教では発地から着地のすべてにおいて，原材料，製造工程，素材，豚由来成分あるいはアルコールなどの含有量を数値化し，ハラルかハラムか否かの追跡調査，いわゆるハラル・トレーサビリティ(Halal traceability)が求められる。

一般にトレーサビリティは「生産，加工及び流通の特定のひとつまたは複数の段階を通じて，食品の移動を把握すること」[13]である。それは，いつ，どこの原産地で，どのように添加物・食材などから製造・加工・品質管理し，さらに保管・流通・販売までのすべての履歴を遡って把握できることになる。

それは製品の川上への遡及と川下への追求という双方向からのチェック体制が必要になる。つまり，サプライヤー，工場，物流センター，地域デポ，顧客までを統合的に計画をし，サプライチェーンの全体的なハラルの最適化を図る情報システムについては技術的に可能であろう。ハラル・トレーサビリティの目的は，ハラムな原料・食材の使用の有無履歴，また加工・製造工程の段階におけるハラムな原材料の混入をはじめ，接触（間接を含む）の有無履歴などを迅速に，正確に追跡調査ができるか否かである。一般的に追跡の目的は，以下の点にある。[14]

① 迅速に品質のハラム事故原因を究明すること
② 品質のハラム事故範囲の拡大防止を図ること

一般的にトレーサビリティでは，生産履歴管理システム（製品の栽培履歴，飼育履歴，農薬・飼料，添加物等を入力・管理），加工履歴管理システム（加工内容，検査結果モニター結果等を入力・管理），さらに，物流履歴管理システム（運送温度，保管時温度等を入力・管理）を実施することは技術的に可能であろう。しかし，物流履歴管理システム（運送・保管・荷役・流通加工等）では，コンテナ等で密封され，専用化されていない小口混載された物流の場合，ハラムとの混載，また，ハラムとの間接的な接触の有無の履歴を数値化することは基本的に難しい。さらに，ハラル製品とハラム製品とを隔離化する間隔の線引きもあいまいとならざるを得ないであろう。

(4) ハラル・フードチェーンのブラック・ボックス

　川上と川下の双方のハラル物流では不浄なハラムとの混載が不可となる。物流業者は当然，それらを完全化すると，コスト高につながり，費用対効果が問題になる。ハラル製品を運送する陸海空の運送手段，さらに，空港内，港湾内物流における包装・保存処理・倉庫管理・荷役機械・船舶・船倉・コンテナ等などの状況について当事者以外は当然，不透明の状態となる。ハラム食品などと一緒に包装・荷役・保管・運送が行われているか否かは確証し難い。物流行程はほとんど他人の目に触れられなく，消費者はもちろん，依頼した流通業者自体もハラル性が守られているか否かを直接，見届けられず，ブラック・ボックスの状態にある。

　サプライチェーンでは顧客のニーズを起点とした経済的合理性が優先されている。一方，ハラル・フードチェーンの場合でも，コスト削減化は必要不可欠である。しかし，農場から消費者(ムスリム)の口元に至る，つまり，川上の発地から川下の着地までの間の「線」においてハラルという質的な最適化が求められる。それは宗教という視点からの判断基準となる。ムスリムの人びとにとっては客観的よりも，主観的に神に対する心配や不安感がないハラルへの安心感を与えられねばならない。日本の食ビジネスは一般的に利益・売上増大などの量的な最適化が優先されがちである。しかし，それとは直接，結びつかないハラルか，ハラムかという宗教的な判断自体が，多くの日本の食ビジネスには欠落しているといわざるを得ない。

(5) ハラル・フードチェーンと規模の経済性

1) アウトバウンドの規模の経済性

　全体的に最適化されたシステムを構築するには，一定の生産量，物流量において規模の経済性が確保されることが必要不可欠である。世界のムスリム諸国向け，アウトバウンドに関しては，治安・規制・交通インフラ・金融などの面で劣位な他の問題もあるかもしれない。しかし，人口規模・人口密度から考え

て，ハラル認証を取得すれば，最適に統合化したハラル・マネジメントが可能となるであろう。ハラル・フードチェーン化され，ムスリムの人びとが宗教的な罪悪感を抱かずに安心して食することができれば，歓迎されよう。

2) インバウンドの規模の不経済性

　日本国内のインバウンドは，ハラル・フードチェーンにおける規模の経済性を発揮できず，つまり，ハラルな配送先数，配送頻度，納品リード・タイム，納入時間指定，納品付帯作業などが合理的・効率的に機能しないであろう。とくに，ハラルのために専用化・隔離化すれば，物流コスト，在庫コスト高となる。結局，現在のところムスリムに特化したハラル・フードチェーンは効率性が一般的に発揮できがたい。それゆえ，日本国内では輸入食品原材料，海上輸送段階，港湾内の保管段階ではハラルの確保は保証できていない。「日本への輸入食肉のほとんどすべてはハラルではない。国産食肉についても家畜が適正に処理できる施設は，極めて少ない」[15] 日本国内の物流業者等が，ハラル認証を取得したとしても，厳格な「ムスリム流儀のおもてなし」となる統合的なハラル化はできていない状況である。必然的にハラムな製品との混載，間接的な接触などが常態化する可能性は高い。国内のインバウンドの場合，ハラルの全体的な最適化は時期尚早といわざるを得ないであろう。

(6) ハラル・フードチェーンにおけるニッチ市場

　観光庁の予測値が正しければ，東京オリンピック・パラリンピックの開催の5年先，2020年まではインバウンドに関しては訪日観光客数(2,000万人)に対し，イスラム教諸国の人びとは約5％，100万人程度でなかろうかと予測する。それゆえ，2020年まではムスリムの訪日観光客比率は低く，規模の経済性は発揮できる状況ではない。しかし，ニッチ市場(niche market：隙間)，つまり，特定の分野，特定の人びとを対象とした限定市場に絞り，ハラル・フードチェーンを持って全体的な最適化を図れれば，成長可能な分野ともなり得るであろう。

8. イスラム教の聖クルアーンの拡大解釈とジハード

(1) イスラム教の聖クルアーンの拡大解釈

ムスリムの人びとがハラムと知らないで食してしまった場合，聖クルアーン[16]には，「だが故意に違反せず，また法を越えず必要に迫られた場合は罪にならない，アッラーは寛容にして慈悲深い方であられる」(第2章第173節)，「信仰して善行に勤む者は，既に食べたものについては罪がない」(第5章第93節)，「だが欲望のためでなく，法を越えず，迫られた止むを得ない者には，本当にアッラーは寛容にして慈悲深くあられる」(第16章115節)とある。つまり，アッラーは「寛容にして慈悲深い」とあり，唯一絶対的な神への教義を部分的に解釈すれば，「できる範囲で良い」と勝手に捻じ曲げ，歪曲して拡大解釈が行われる可能性がある。すなわち，日本人の多くは多神教ゆえにイスラム教への倫理観・ハラル・ポリシーが本質的に，欠如しているので，ハラムをハラルと提供しても，あまり罪悪感や抵抗感が少ないのではなかろうか。

(2) ムスリムにおけるジハードの脅威

2020年までは，ムスリムの訪日観光客数は少数でも，日本に関するオピニオン・リーダーとなる富裕層が多く訪れよう。だが，そのなかにはモンスター・クレーマー，ネットワーカー，さらにツイッターユーザーなども含まれている。

表12-4 ムスリムの目線と「おもてなし」

対象	目線	おもてなし
アッラー	下から目線 Lose-Win	唯一絶対の神，コーランの六信 ハディース（ムハンマドの言行に基づいた教え）
ムスリム同士	同じ目線，Win-Win, Lose-Lose	五行（五柱）の義務・喜捨（貧者に対する施しをする。昔のザカートは宗教税で，収入の25％を寄付） 手食によるハラルの共食の仲間意識
異教徒 多神教	上から目線 Win-Lose	右手にコーラン，左手に剣の敵意 ジハードの聖戦の脅威

そのような人びとの口コミ，インターネットなどによって，簡単にあらゆる情報が全世界へと発信されるであろう。

表12-4のように日本の食ビジネスはいつまでもイスラム教の教義を勝手に拡大解釈し，おおまかな対応をしていると，ムスリムに対する神への冒とくという批判が起こり，国際的な宗教問題へと発展する恐れがある。

イスラム教の聖クルアーンでは多神教に対する明確な敵意を記述してあり，多神教に対するジハード(jihād)が説かれている。ジハードとはアラビア語で「戦い・努力」を意味し，「神の道のために奮闘せよ」を意味している。大と小のジハードに大別でき，「大ジハード」は自己の内面の悪と戦い信仰を深める努力をせねばならない。「小ジハード」は共同体（イスラム共同体）を侵略する敵との戦いをいう。各個人は信仰を防衛する義務があり，ジハードではテロを聖戦と捉えており，異教徒との戦い，自爆テロの実行者は，死後ハーレムへ行けるものと思っている。それゆえ，日本の食ビジネスにおいては，自主的にハラル制度を厳格に遵守することに努めるべきであろう。

要するに，現在のところ日本の食ビジネスばかりでなく，日本人全体がムスリムの一神教の宗教制度を理解していない。また政府の関与は宗教問題のため，政教分離からも抵触する問題も含まれている。しかし，ハラル認証に関してどのような制度，主体がかかわるべきか，緊急に海外の実態調査が必要不可欠である。ムスリム目線でハラル認証制度を改革しなければならない。とりわけ，21世紀の前半頃までに日本の国内では，ムスリムの人びとが「安心」できる厳格なハラル，つまり，「ムスリム流儀のおもてなし」が提供できる社会になることを期待したい。

注

(1) "Pew Reseach Religion &Public Life Project", *The Future of the Global Muslim Population*, January 27, 2011.
http://www.pewresearch.org（最終アクセス：2014年12月27日）
(2) 森下翠恵・武井泉『ハラル認証取得ガイドブック』東洋経済新報社，2014年，

56 頁参照。
(3) 日通ニュースリリース「マレーシアで，ハラル製品の運送を本格実施」http://www.nittsu.co.jp/press（最終アクセス：2014 年 12 月 23 日）
(4) 並河良一「食品のハラル制度の解説―実務の視点から―④」『食品と科学』第 56 巻第号 2014 年 5 月，16 頁
(5) 同上稿，20 頁参照。
(6) 並河良一『ハラル食品マーケットの手引き』日本食糧新聞社，2013 年，176 頁参照。
(7) 河合利光編著『食からの異文化理解』時潮社，2006 年，53 頁参照。
(8) ウィキペディア「ポケットモンスター」ja.wikipedia.org/wiki/（最終アクセス：2014 年 12 月 26 日）
(9) 並河良一「食品のハラル制度の解説―実務の視点から―①」『食品と科学』第 56 巻第 4 号，2014 年 2 月，17～18 頁参照。
(10) 甲斐諭編著『食品流通のフロンティア』農林統計出版，2011 年，107 頁。
(11) 菊地哲夫『食品の流通経済学』農林統計出版，2013 年，71～73 頁参照。
(12) 藤川裕晃『サプライチェーン・マネジメントとロジスティクス管理入門』日刊工業新聞社，2008 年，9 頁。
(13) 菊池哲夫，前掲書，98 頁。
(14) 甲斐諭編著，前掲書，93 頁。
(15) 並河良一「食品のハラル制度の解説―実務の視点から―②」『食品と科学』，第 56 巻 5 号，2014 年 3 月，17 頁。
(16) 日本ムスリム協会編『日亜対訳・注解　聖クルアーン』日本ムスリム協会，1983 年，30，142，337 ページ。

索　引

【あ 行】
アエの風　61
アゴ・アシ・マクラ付き　75
安全・安心　50, 53, 79, 81, 185, 189, 190
暗黙知　10, 110-113, 132
イコール・パートナーシップ（equal partnership）　18
池田菊苗　152
石塚左玄　36
医食同源　150
一期一会　4, 112, 146
うま味　152, 153
エシカル　55, 83, 84, 88
江戸しぐさ　14, 15
オグバーン（Ogburn, W. F）　107, 108, 132
OJT（on the job training）　28-30
おふくろの味　35, 66, 85
Off-JT（off the job training）　28, 30
おもてなし文化　2, 114, 115, 116
温石　144

【か 行】
カーネマン（Kahneman, D.）　19
カールソン（Carlzon, J.）　27
加賀屋流儀　124
KAS　27
観光庁　89, 181, 195
観光の定義　90
観光立国推進基本法　89, 92
雁行的経済成長　127
協創と共創　97
木の文化　22, 137, 138
企業の社会的責任（CSR）　43, 83
業種・業態　47
偶像崇拝の禁止　164, 187
クラーク（Clark, C.）　49
クレーム対応の五原則　41
クレームは宝の山　40
グローカル（glocal）　108, 114, 115, 149
形式知　12, 24, 110-113
ケツ持ち　56

阮籍　20
孔子の教え　31
5S運動　119
五配り　8, 124
語先後礼　20
こ食の時代　34, 35
コスト・パフォーマンス（cost performance）　50

【さ 行】
ザ・リッツカールトンホテル　129
3H　28
3M　46
3・7の注意　19
三方よし　132, 133
3・4・3の法則　23
シズリングの効果　153
ジハード（jihād）　196, 197
ジャポニカ種のコメ　147, 169
従業員の約束　129
商売は笑売　21
食育基本法　36
食の外部化　38
食料自給率　32, 33, 34, 81, 82, 149
旬の区分　145
じんざい　21
真実の瞬間　27
身土不二　82
神饌　32, 61, 68, 141
政教分離　185, 197
世界三大料理　159, 174, 176
先言後礼　20
千利休　2, 3, 144, 146

【た 行】
ダーウィンの進化論　187
滝沢馬琴　85, 88
ダラリの法則　52, 119
地産地消　80, 81
着地型観光　98
長幼の序　66

ツーウェイ・コミュニケーション(two way communication) 99
テーラー(Taylor, F. W.) 25
ときめき・きざし 91
土下座 42, 43
トップ・ダウン(top down) 6, 25, 97

【な 行】
直会 32, 61, 62, 67, 68
新嘗祭 59, 60
においの違い 152
にじり口 3, 146
ニッチ市場(niche market) 125, 127, 195
女人禁制 70, 71
2・6・2の法則 22
農場から食卓まで 82, 165, 167, 187, 189
農場・漁場から食卓まで 48, 49, 51, 55, 76
能登はやさしいや土までも 61
ノードストローム(Nordstrom) 11

【は 行】
バリュー・パフォーマンス(value performance) 50
ハレの儀礼 69
ビーガン(vegan) 126
ピーク・エンドの法則(peak end rule) 19
B-1グランプリ 86
膝付き注文・接客 130, 131
ビジット・ジャパン・キャンペーン(VJC) 89
七人の侍 103
平松守彦 79
賓主互換 4, 57
ブランド・パトロナージュ(brand patronage) 84
ブランド・ロイヤルティ(brand loyalty) 84
ブレックファスト(breakfast) 31
ペトリーニ(Petrini, C.) 81

ヘニング(Henning. H.) 152
方円の器 57, 58
ホスピス(hospice) 11
ボトム・アップ(bottom up) 7, 26, 27, 97, 98
ポランニー(Polanyi, M.) 111

【ま 行】
マグレガー(McGregor, D. M.) 24-26
マズロー(Maslow, A. H) 24, 26
マッカーシー(McCarthy, E. J.) 96
瑞穂の国 59
みそぎ選挙 70
身分から契約へ 13, 14, 131
ムスリム的なおもてなし 184, 185, 190
ムスリム流儀のおもてなし 161, 162, 179, 182-184, 190, 195, 197
メーン(Maine. H. J. S) 13
孟子 66
もどき料理 115, 142, 150
モンスター・クレーマー 13, 41-43, 196

【や 行】
八百万の神 60, 67, 161
柳田國男 65, 72, 73, 87
有職故実 142
ユネスコの三大遺産事業 138
羊頭狗肉 167
4C 45
四通一達 125

【ら 行】
ラング(Lang, T.) 82
リンカーン(Lincoln, A.) 115, 148
レディー・ファースト(ladies first) 11, 131
老子の思想 56
ロール・プレーイング(role playing) 29
六何の法則 154, 165

【著者紹介】

山上　徹（やまじょう　とおる）

出　　身　石川県羽咋市
現　　職　梅花女子大学食文化学部教授
　　　　　同志社女子大学名誉教授，商学博士

主な著書　『食文化とおもてなし』学文社，2012年
　　　　　『ホスピタリティ・ビジネスの人材育成』白桃書房，2012年
　　　　　『ホスピタリティ精神の深化』法律文化社，2011年
　　　　　『観光立国へのアプローチ』成山堂書店，2010年
　　　　　『観光の京都論　第二版』学文社，2010年
　　　　　『現代観光・にぎわい文化論』白桃書房，2008年
　　　　　『京都観光学［改訂版］』法律文化社，2007年
　　　　　『現代港湾の異文化の賑わい』成山堂書店，2003年
　　　　　その他多数

食ビジネスのおもてなし学

2015年1月30日　第1版第1刷発行

　　　　　　　　　　　　　著　者　山　上　　徹
　　　　　　　　　　　　　発行者　田　中　千津子

発行所　〒153-0064　東京都目黒区下目黒3-6-1
　　　　☎ 03(3715)1501　FAX 03(3715)2012　　株式会社 学文社
　　　　振替　00130-9-98842

検印省略　　　　　　　　　　　　　©2015 YAMAJO Tooru Printed in Japan
ISBN 978-4-7620-2495-5　　　　　　印刷／新灯印刷株式会社